最高のクラスになる！
学級経営365日の
タイムスケジュール表

山本東矢 著

学芸みらい社
GAKUGEI MIRAISHA

まえがき

「子ども同士の触れ合いが深まるクラスづくり」とはどうしたらいいか。
それは、

> ①子どもの友だち関係がよくて、楽しいが多い。
> ②勉強ができて、自分に自信がつく。
> ③先生が安心できる対応をする人。

この三つが相乗効果を織りなしあったときに、実現する。
この三つはどれもが大切である。どれも欠かせない。
そして、どれもが先生ご自身の努力次第で習得できることである。
例えば、「①子どもの友だち関係がよくて、楽しいが多い。」では、

> 友だちが仲良くなりやすいゲームを50集めれば、

それだけで近づく。
例えば、「②勉強ができて、自分に自信がつく。」では、

> 教師が指導方法の勉強をすれば、

子どもは勉強ができるようになっていく。
例えば、「③先生が安心できる対応をする人。」では、

> 先生が毎日一筆箋を3枚はかき、毎日ほめことばや認める言葉を100回は使い、一人でいる子に毎日声をかける

などのことを自分に課していけばいい。
上のような努力の結果、子どもの自己肯定感は高まり、クラスの雰囲気はよくなり、さらに子ども同士の触れ合いが深まるクラスづくりとなっていく。

さて、①、②、③はすべて大事だが、今回は、私が最も得意とする「①子どもの友だち関係がよくて、楽しいが多い。」について述べたい。

> 学級経営手立て

と名付けている。
　これを

> 時期と子どもの様子にあわせて使っていけば、それだけでかなりクラスはよくなっていく

と思っている。
　全国のセミナーで紹介し、使っていただいているがある程度の有効性はあると実感している。
　特に、「信頼貯金」「安心領域」「人付き合いマナー15」などは、好評である。
　今回は、そのことをまとめたものを紹介する。

　なお、大前提条件として、学級のルールが確立していることがあげられる。学級のルールがおかしく、当番などが機能しないなかで「いくら友だちと仲良くせよ。」といっても無理な話である。
　食料がまったく届かないような状態が長く続き、そこに、ほんの少しだけの食料が届いた人に「きちんと分け与えるのですよ。みんな我慢ですよ。」といって我慢させているのと同じである。どう考えても厳しい。
　人は、ある程度満たされたときに、よい行動ができるようになりやすい。マズローの欲求段階説からもそれはわかる。
　子どもなのでよけいにそうである。
　特に仲がよくなっていないときに、よけいに顕著である。
　ゆえに、本書では、

> 「学級の柱の打ち立て方（ルールの確立）」と「学級経営手立て」

の二本立てで紹介をさせていただく。
　ぜひともご覧いただき、ためしていただき、少しでもクラスがよくなっていただければと思う。
　少しでも先生方のクラスの子どもの笑顔が増えればと思う。

　　　　　　　　　　　　　　　　　　　　　　　　　　　山本　東矢

もくじ

まえがき

I章
学級開きを最高のものに！
黄金の三日間から一カ月でクラスの土台部分をつみあげよう

1. 意識しよう！クラスづくりで大切なこと
   - （1）学級が向上するには道筋がある　　　　　　　　10
   - （2）無駄、無理、ムラを排除せよ　　　　　　　　　13
   - （3）新年度準備に全力を尽くそう　　　　　　　　　14
2. 新年度準備、黄金の三日間実物資料集でスムーズにスタートダッシュをきろう
   - （1）新年度準備実物資料　　　　　　　　　　　　　16
   - （2）黄金の三日間予定、実物資料　　　　　　　　　25
   - （3）黄金の四日目以降、実物資料　　　　　　　　　38
3. 打ち立てよ！学級の大黒柱「当番活動」
   - （1）公平な世界をつくるのが大事　　　　　　　　　45
   - （2）一人一当番指導で大事なこと　　　　　　　　　46
   - （3）一人一当番実物資料　　　　　　　　　　　　　51
   - （4）そうじ当番指導で大事なこと　　　　　　　　　53

　　　　（5）そうじ当番物資料　　　　　　　　　　　　　56
　　　　（6）給食当番指導で大事なこと　　　　　　　　58
　　　　（7）給食当番実物資料　　　　　　　　　　　　63

４．第二の柱！「朝、休み時間、終わりの会の流れ」
　　　　（1）朝の流れで集中する環境をつくる　　　　　64
　　　　（2）朝学習・準備の実物資料　　　　　　　　　68
　　　　（3）宿題の出し方　　　　　　　　　　　　　　71
　　　　（4）宿題　教師用実物資料　　　　　　　　　　75
　　　　（5）休み時間の過ごし方をコーディネートする　76
　　　　（6）終わりの会の流れ　　　　　　　　　　　　78
　　　　（7）終わりの会の流れ　実物資料　　　　　　　80

II章

学級経営手立てを使いこなし クラスの絆をパワーアップ

１．学級経営手立て、年間指導計画実物資料集　　　　　82
２．学級経営手立ての使い方
　　　　（1）単発でも効果はある　　　　　　　　　　　85
　　　　（2）土、水、空気、栄養、環境を考慮せよ　　　86
　　　　（3）よくある失敗５　　　　　　　　　　　　　87
　　　　（4）究極は自治！自治への道とその考え　　　　90
３．楽しいクラスづくり速効スキル39
　　　　（1）信頼貯金　　　　　　　　　　　　　　　　92
　　　　（2）プラス言葉、マイナス言葉指導　　　　　　97

（3）	人付き合いマナー15	100
（4）	班遊び	104
（5）	ハッピーレター	109
（6）	感動道徳	114
（7）	対戦、協力対戦、協力の3分野ゲーム	118
（8）	広める言葉、助ける言葉	122
（9）	現実道徳	125
（10）	友だち賞状	128
（11）	よいところ発表	133
（12）	あいさつ勝負	135
（13）	ありがとうふやし	139
（14）	WIN×WIN	145
（15）	共有地の悲劇の授業	148
（16）	クラス曲	156
（17）	趣意説明222指導	161
（18）	ほめ勝負	165
（19）	月一お楽しみ会	168
（20）	クラスをよくする委員会	174
（21）	ミラーゲーム	178
（22）	チーム名＆チームかけ声	180
（23）	二人三脚	183
（24）	よいクラスの動き段階表	186
（25）	アンケート合体テーマ作文	189
（26）	一月全員一筆箋	193
（27）	テーマ作文でよいところ確認	195
（28）	みんな遊び	198
（29）	よい書き	202
（30）	本気朝学	204
（31）	名言暗唱	208
（32）	あふれさせたい言葉ランキング	210
（33）	クラス目標に具体の数を	213
（34）	ふれあい徐々に増やし体育	219

（35）安心領域の授業　　　　　　　　　　222
　（36）恩送りの授業　　　　　　　　　　　226
　（37）表現暗唱　　　　　　　　　　　　　232
　（38）聞き方レベル上げ　　　　　　　　　235
　（39）当番なし給食、そうじ体験　　　　　239

Ⅲ章

絆が深まると
こんな嬉しいがあふれる

１．毎年必ずといっていいほど、山本学級でみられる
　　嬉しい姿
　　（１）ふれあいあいさつ　　　　　　　　　244
　　（２）ありがとうがあふれる　　　　　　　245
　　（３）プラス言葉があふれる体育　　　　　246
　　（４）高速の準備　　　　　　　　　　　　247
２．山本学級で実際に起こった嬉しいドラマ
　　（１）２年　担任へのプレゼント　　　　　249
　　（２）６年　友だちへのクリスマスプレゼント　251

あとがき

I　学級開きを最高のものに！

黄金の三日間から一カ月で
クラスの土台部分をつみあげよう

1．意識しよう！クラスづくりで大切なこと
（1）学級が向上するには道筋がある

①学級の成長にはある一定の法則がある

　名人といわれる先生はいつでもいいクラスを作っている。
　学校内の素敵な先生もそうだ。
　どんなに大変でも立て直し、いいクラスを作っていく。毎年だ。
　と、いうことは、

| その人のやり方、その人がしている行動や反応を同じように行うと基本子どもたちはよくなっていく |

のではないかと思うようになった。つまり、

| 子どもがよくなっていく流れというか、指導の順番がある |

のではないかと思いはじめた。
　しかし、ベテランの方に聞き、「こうしたほうがいいよ」とかは言われるが、やってみるとうまくいかないことが多いにあった。
　それを解明すべくさまざまな学級の先生に参観に行き、セミナーなど

を受け続けた。自分で仮説を立てて、研究を続けた。

真剣に考えて一つの道筋に達した。

左の図のように、

> 学級の土台があるときに、授業をうまく行ない、子どもとの信頼関係を結び、学級経営手立てを打てば、クラスは向上していく。

そして、ある程度子どもが育ちつつあるときに、自治的な指導をいれるとさらによくなっていくのではないかと。

数年それを意識してやっていった。

すると、クラスは劇的によくなっていった。

そして、例年、変わらずにいつも非常に高い水準で良い行動を行うようになった。「ありがとう」の言葉があふれる。クラスの子どもたちがふれあいあいさつをするようになるなどである。

②学級経営は追試できる

ここで私は確信した。

> 集団をそだてていくには、ステップがある

そして、今まで全く見えていなかったが、

> 学級経営も追試できる！

ことに気がついた。

もちろん、その先生の個性によって、いろいろと変わる。

だが、7、8割は追試ができると思っている。

どうするか。

本誌記載の「年間学級経営手立て」の通りに、学級経営手立てをいれるといいのだ。

子どもはある程度同じような反応を示す。

（数年ためしていただきたい。まず変わってくると思う。）

そして、そのよい反応をしたときに教師がほめたり、通信で紹介したりするなどの、よい評価をすると、子どもたちはその行動を続けていく。
　例えば、ありがとうの授業で、上記の手法を使うならば、ありがとうがあふれていく。
　もともとその行動はよい行動で、みんなが使いだすと気持ちがよくなる（ありがとうと言われると気分がよくなるし、言うことじたいも気持ちがいい）ので、使い続けるという「よいサイクル」が生まれていく。

③はじめは土台作り、ルール作りが欠かせない

　前の図からもわかるように、最初は、学級経営手立てをそれほどいれない。また、自治の指導は全くいれない。
　はじめは、

> 学級の安定を図るために、子どもの不平不満が生まれないようにするルール作り、「この学級って楽しそう」と思わせることが大事である。

　大人の場合で考えてもらってもわかる。
　いつもうばいあいやいじめが起こる世界。食料が満足にえられない世界で幸せな国や集団を作っていけるだろうか。無理である。
　集団を成長させるには、最低限、そのメンバーを満足させる公平な世界を作りあげることが大切である。

> インフラ整備である。
> それをはじめの一カ月で作りあげるのが大事なのである。

　向山氏の提唱する「黄金の三日間を大切にせよ」である。
　これは、どのような学級づくりの本でも紹介されているが、集団を向上させるためには、当たり前すぎる原則なのだと思う。
　黄金の三日間、一週間を大切にし、一カ月間で確固たる学級のルールや風習を作ることが大事である。

1．意識しよう！クラスづくりで大切なこと
（2）無駄、無理、ムラを排除せよ

①マイナスがうまれにくいシステム作りを行おう

　トラブルがうまれない環境を作るのが大事だ。

机の外側のフック、通路側には荷物をひっかけさせないのが基本だ。

　ここに物をおくと引っかかる人がうまれる。また、荒れているクラスならば、「ぶつかった、ぶつかってない」騒動が起こる。
　環境を整えると、そもそものトラブルを減らせる。

ノートをもってこさせる時などの一方通行を守らせるのもそうだ。

　教師のところにプリントをもってくるときに一方通行で物をもってこさせる。すると、友だちどうしでぶつかるということがうまれない。
　トラブルを生みだす風潮、環境はそもそも消すのだ。マイナス言葉が漂うとクラスはトラブルが生まれる。人付き合いマナー15でそういう言葉が蔓延しないように歯止めをかけるのも環境調整だ。

②授業はじめは、なるべく同じ通りに進めよう

　国語、算数、社会などの教科ははじめが大事である。
　はじめにこれをするというルーティーンを作るとやっている間に学習の構えができてくる。

なんでもはじめ5分は大事である。ルーティーンを作るのがいい。

　国語は、漢字学習から。算数は、百玉そろばんから。体育はなわとびからなどである。授業のはじめ5分はだれもがおいつける活動からさせることが大切である。できる活動から入るので気持ちがいい。
　こういう「できる」をはじめに確保するのは極めて大事なことである。

1．意識しよう！クラスづくりで大切なこと
（3）新年度準備に全力を尽くそう

①4月1日。いや、できれば春休みから準備をしよう

　黄金の三日間、一週間を成功させることは学級経営で最も大事なはじめの通過点である。

　何をするのかというと、

> 子どもに夢をあたえ、子どもにてきぱきと指示、計画的にルールなどを指導していくことが大事である。

　楽しくだ。

　そのためには、事前に計画しておかないとあたふたするだけである。

　黄金の三日間ノートを作っている。

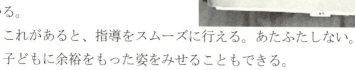

　これがあると、指導をスムーズに行える。あたふたしない。

　子どもに余裕をもった姿をみせることもできる。

②実物資料の使い方

　新年度準備は、印刷し、ノートにはる。

　そして、仕事が終われば消していくというようにしている。

　よく市販されている仕事のチェック表をみることがあるが、それは、順番が書いていない。優先度もない。だからこれを作った。

これは優先度付きチェック表である。

ここ10年以上これを使っているが、非常に快適である。

学校が違ったり、主任の先生のやり方で多少変わったりするので、順番を重視しすぎなくていいが、ここにある順番にやっておいて、問題になることはほとんどない。

> **実物資料をＢ５で印刷し、Ａ４のノートにはるか、ファイルにとじるだけで新年度準備の計画は完成である。楽である。**

下の図のような感じでＡ４ノートにはる。

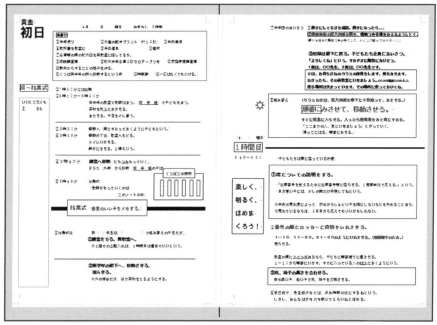

このようなノートを毎年作り、反省などを書き加えていく。

そうしておくと来年度作るときに、上書きすることができて、バージョンアップできる。

次ページから実物を掲載したので活用してほしい。

Ⅰ　黄金の三日間から一カ月でクラスの土台部分をつみあげよう

2．新年度準備、黄金の三日間実物資料集でスムーズにスタートダッシュをきろう
（1）新年度準備実物資料

※このページはそのまま印刷してノートにはるページです。新学期の準備が一目でわかります。

4月■日（■）　　　担任発表1日目

※「学年のことをメイン」　「校外学習、購入するもの」などの「連絡を急ぐものをメイン」
に行う。

朝・8時30分～12時30分

着任式　新メンバー紹介　　8時30分

前校長（教頭）離任式　　8時40分
① 席移動　　　　　　　　9時
② 職員室の掃除　　　　　9時10分
③ あいさつ　　　　　　　9時20分
前校長（教頭）見送り　　10時
新校長（教頭）出迎え　　10時15分

9時30分（10時30分）

① 「学年の仕事、わりふり。」

（学年主任は山本。会計、2年目以降なら相担。）

② 「担当教科・領域部員決め」をする。（学年の先生と検討。）

教材選定の行い方
① 去年の児童費で購入した紙をもらう。
② それを元に、図工室で教材を選ぶ。
③ 選んだ物を補完する。袋に入れる。
④ 選んだ物の値段等を紙に書く。

⑤ 選んだ物を電話で業者に頼む。（2日目）
　※来てくれることあり。
⑥ 選んだ物をPCに打ち込む。（1週目まで）
　※ただ、会計のうちあわせが終わってから
　※校外学習の欄なども直しておく。値段を
　　調べて。

校務分掌部会（役割決め） 11時～11時30分

　　　　　　　　　　　　11時30分～12時30分

③ 「学年便りデータや遠足しおり」を去年の先生からもらう。保存。
　　　　　　　　　　　　↓
④ 「学年便り4月号、5月号」を印刷。

みて、取り急ぎの流れを確認。そして、軽く検討。

新任の人は、することがなければ
① 学年便りをみてもらう。
② 行事予定表などをみてもらう。
③ 山本資料を渡す。みてもらう。
④ 一週間ノート作りをしてもらう。
⑤ 必要な印刷物を印刷してもらう。
・学年便り古いのすべて
・校外学習の紙すべて

12時30分～1時15分　昼休憩

1時15分～5時

⑤「去年の校外学習の紙」を探し出し、関係する日を紙に書く。確認。

　　余裕があれば全て印刷。（できたら3月末にしておく。）

⑥「去年の児童費」と「校費」で買った物の紙の一覧を印刷。（PC上に基本ある。）

⑦　療育手帳の人いるか。(割引きく子いるか。)特別支援児の入り込み有無をきく。
　　⇩
⑧　遠足に行く施設の休みの日を調べる。※これにより下見日が変わる。
　　⇩
⑨「4、5月の遠足下見日（できたら春休み中）、実施日を決める」(主任、会計)

⑩「クラス決め」

職員打ち合わせ（入学式のことなど）　　　　　2時

学年打ち合わせ（去年の先生からアドバイスもらう。）　2時30分～3時ぐらい

⑪「副教材、図工教材の選定をする。（とる物を決める。）」（児童費）

　　（ドリル教材と図工の物などを決める）　　（去年の購入した物の資料に書きこみながら）
　　（電話は2日目にする。→　ということは、教材選定は2日目でも不可能ではない。）
　　※これがとても時間がかかるし、じっくり決める。あせらない。

※教材使用届は、2日目にする。あせらない。

新任、転任者がいれば、
さらに＋2時間かかると考える。
余裕をもって仕事をする。

5時～6時

⑫　次の日のことをする。

1日目は無理しすぎない。
3日かけてじっくりいこう。
3日あれば、絶対に大丈夫。

【1日目】
①4～5月の全体の流れを手に入れ、確かめる。
②校外、校内の〇年の紙を手に入れ、チェック。
③遠足下見日を決める。
④クラス決め、なかよし児童を知る。
⑤児童費、公費の去年のをみる。
⑥教材選定（2日目でもいい？）

【家での宿題】
①1日目にしたことをまとめる。
②黄金ノートはできているか？つくる。
③公務分掌などの仕事のまとめ
④校内外、学習の年間計画をつくる。

Ⅰ　黄金の三日間から一カ月でクラスの土台部分をつみあげよう

4月　日（　）　担任発表2日目　　会議なし

※メインは学年の仕事半分（午前）。自分の仕事半分。

朝・8時30分～12時30分

① 　副教材、図工教材をPC打ち、教材の値段がどれくらいかをみる。

② 「**教材発注の電話**」（主任、会計）する。（1学期に必要な分だけでいい。）

③ 「使用ノート」を決める。学年通信に打つ。

　　（去年4月の学年便りをみて、ノートの見本をみて決める。）

④ 「学年名簿」を教務、保健、（給食の人）に渡す。

　　去年からもらったやつを2つくっつけてそのまま渡すだけでよい。ＰＣ打ちではない。
　　（↑個人情報により子どもに配るのは×）

⑤ 「**学年通信**」を**ほぼ完成**させる。教頭に渡す。

⑥ 　学年名簿を2枚、拡大印刷する。（1日目につかう。）

昼食後・1時15分～3時

⑦ 「校外学習、校内行事の年間計画を再確認」する。去年の先生にきいて。

　　（一年間の外、内の行事を確認する。けっこう時間がかかる。）

⑧校外学習の申し込みを終える。

　　※二学期のものでも4月ぐらいに申し込みをしなければいけないものがあるから気をつけよ。

⑨ 　教室に行き机の配置を簡単にかえる。（3列にして傷ものは外にだす。印はつけない。）

⑩ 「クラスのチェック表」を作る。10枚は印刷。

　　※そのときに、本当に名前順がＯＫかパソコンの昇順機能などで確かめる。

3時～5時　ここでクラスのことができる。

⑪「**植物系統で買うもの**」(校費)(主任、会計)を確認し注文する。

（黄金の2日目までに。）
→年間の校費の紙を修正する。値段については、事務室の本を見てチェックする。
　そして、4月の分のものを支出起案書に書き、事務の人に渡す。それで注文はOK。
　　（学校予算。校費の紙と支出起案書を書き、事務員に渡す。）

⑫「**校務分掌、教科領域の仕事ですぐにすべきことを確認。**」

※職員会議1にすべき仕事があるかをみる。基本あまりない。　　※会計ならば、会計の仕事をする。

⑬　SKIP（学校のパソコン）で「クラス分け」の設定をする。

⑭「子どもの持病チェック」**アレルギー程度**　　（ひきつぎ資料をもとにPCに打つ。）

※要録のことは黄金の3日目ぐらいの仕事でよい。早すぎてもよくない。

5時～6時半

⑮　教室に荷物を入れる、整理1　　（見えない場所のみ）

⑯　去年のその学年の写真名簿を印刷する。

（宿題で子どもの顔をおぼえるために。）

⑰　名前順、座席表をつくる。

（急ぎではない。土日を挟むのならば、2日目につくる。宿題で名前を覚えるのに必要。）
（そうでないなら、3日目以降にまわす。）

2日目も無理をしない。

まだいけるのならば、3日目にまわしてよい。
去年もいそぎすぎの感じがした。
とにかく5日あるのだから、大丈夫。
3日目が終われば、ほぼ終わっている。

家での宿題
①名前を覚える。
②2日目にしたことをまとめる。
③マニュアル更新

I　黄金の三日間から一カ月でクラスの土台部分をつみあげよう

4月■日（■）　担任発表3日目　　会議なし

朝・8時30分～12時30分

① 「指導書」の確認、教室に持っていく。

② 「マグネットに名前」をかく。　　（片面2つつくる（給食用）（席替え用）

③ 「給食当番表」をつくる。

④ 「一人一当番表」を作成、印刷。
　　　　※時間をかけてじっくりと。

⑤ 「校務分掌の仕事を確認」すべきことがあればする。

⑥ 教室に荷物を入れ、整理2

6年担任時　中学入学式
9：40～10：40

⑦ **「番号シールはり」**教室内の。ロッカー2つ。横フック。（シールは4つつくろう。）

ここまで頑張れば
緊急の物はとくにない。

昼食後・1時15分～3時

⑧ 「ラジカセなどの機械系の物」をもっていく。(最悪3日目にもっていってもいい。)

⑨ 「机、いすの高さ調べ、キズものを」交換。

⑩　机配置と線書きをする。

午後に、遠足の下見にい
くことも考えられる。

⑪ 「教室の掃除」1　をする。
　　　※机ふきなど

⑫ 4月参観までの背面掲示をどうするか考える。「目標などを書く紙」を用意、印刷。

⑬ 名札を教室にもっていく。

3時～5時

⑭ 「家庭環境調査表」（家庭から学校へ）をわける。

(教務の近くに置いてある。)（1日目にくばる。)

⑮ 「名簿の名前を再チェック」「家庭環境調査表」（家庭から学校へ）等をみて。

⑯ 「保健調査票」をわける。(主任や会計の分もわける。)

↑これは、明日でもいい。

⑰ 「学級通信」を印刷。

⑱ 児童生徒健康診断表（歯）をわける。

5時～6時半

⑲ **座席の拡大名簿を作成**する。そして、印刷。

⑳ 「教材使用届けの紙」(主任)を書く。教務に渡す。(去年の物を元にする。4月2週目まで)

15分でできる。

㉑ 「算数ノートスキル」（2日目に使う）を印刷。

㉒ 「暗唱はじめの3つの紙」（2日目に使う）を印刷。

㉓ 6時頃に「番号シールはり」かさ立て、靴箱、教室ロッカーと廊下ロッカーにはる。

（かさたて、靴箱は6時以降にはる。学童の子どもがいない時に）

㉔ 教科用図書証明書の指名印押印

㉕ 「前年度の確認テスト」を印刷

（↑黄金の2日目の仕事でいい？3日目以降に使うから）計算、漢字スキルがあれば必要なし。

始業式まで3日あるとして。

わりふれる仕事一覧表

①学年だより　1日目

家での宿題

①名前を覚える

②3日目にしたことをまとめる。

③学級通信を印刷。

④一週間分の教材研究

4月□日(□) 担任発表4日目　入学式準備　会議あり

朝・8時30分～12時30分

入学式準備

昼食後・1時15分～3時

会議（2時～3時15分）

※「出席簿の押印は2日目でいい。」

① 遠足下見の出張命令簿をかく。

②「時間わり」を考える。

（30分以上かかる。）（資料ができていなければ次の日）

③「掃除当番表」を作成、印刷。(最悪2日目の夜でもいける。)
※時間がかかる。

④ 学年通信を完成。印刷。

3時～5時

⑤「子ども用教科書」を上にもっていく。（OKが聞いてから）

⑥ 始業式は下見があるので1日目、2日目にすることを十分にする。箱を用意。

　1日目に必要なもの
　①学年便り　②たくさんの配布プリント　③学級通信　④教科書を教室に　⑤電球と袋
　⑥名簿順席の拡大図　⑦時間割　⑧保険調査票（番号順に並べて袋に入れる。）
　⑨家庭環境調査票（家庭から学校へ）　※詳しくは、黄金の3日間細案をみよ。

　2日目に必要なもの
　①給食当番表　②一人一当番表　③ノートスキル　④そうじ当番表　⑤うつしまる　⑥学級通信

⑦「教室の掃除」2をする。

⑧「男女別の名簿」をPCで作成。印刷。(保健の時に並ばせる時に便利)

⑨「子どもの誕生日を一覧表にまとめる。」取り急ぎ、4月分

⑩ 連絡袋をわける。

⑪ 家庭環境調査票の紙をわける。

⑫「お休み届けの名簿」を作成。←エクセルで住所を並べ変えればすぐにわかる。

5時～7時

⑬「うつしまる」を印刷（2日目以降に使う。）

⑭ PTAの口数をパソコンで打ち込む。(会計)←黄金の2日目でいい？

⑮ SKIPで「週案」の設定をする。

⑯「一筆せん」の用意。
　　めぼしい子10人に何を書くか考える。書けるところだけ書いておく。(原田氏の追試)

⑰「朝の流れ」「朝の会の流れ」を書いたものをパウチする。(余裕があれば)

※⑫～⑯は、下見が早い時は、2日目にすればいい。

家での宿題
①名前を覚える。
②4日目にしたことをまとめる。
③このノートを完成させていく。
④スーツ用意

I　黄金の三日間から一カ月でクラスの土台部分をつみあげよう

| 4月■日（■）担任発表5日目　　入学式　　会議あり |

| 朝・8時30分～12時30分 |

入学式

| 昼食後・1時15分～4時 |

| 会議（2時～4時） |

① 「名簿順の席の拡大図」をかくしているか確認。

② 新教室に1日目、2日目の配布物をすぐに出せるようにしているかの確認。

| 4時～7時 |

③ 「指導書の教科書」を持ち帰る。（土日挟むならば。）

| ④　子どもの住所を調べ、地区別を調べる。
　　2日目の地区別児童集会のため
　　（3年生のみ。1，2年はつれていってもらえる。4年以上は、地区別は覚えているはずである。
　　2日目に教えるだけでいい。） |

⑤ 本当に名前順になっているか最終チェック。（昔、間違っていたことあり。）

⑥ 「くつは新学年の場所に移動させましょう」の張り紙をつくり、はる。

⑦ 最終掃除

⑧ 時間割、掃除当番表はOKか？

⑨ 持病チェック表をつくっているか？

⑩ マニュアルを直す。

⑪ 子どもの名前を覚える。

2．新年度準備、黄金の三日間実物資料集でスムーズにスタートダッシュをきろう

（2）黄金の三日間予定、実物資料

黄金 初日

4月　　日　　曜日　　給食なし　3時間

準備物
①学年便り　②大量の配布プリント（約12枚）　③学級通信　④教科書を教室に
⑤手品道具　⑥電球　⑦名簿順の席の拡大図を新教室に隠してるか。
⑧保険調査票　⑨拡大学年名簿2枚セロテープつき　⑩家庭環境調査票
⑪朝来たらすることの掲示を作る。　⑫くつは新学年の所へ移動するという紙
⑬時間割　（⑪～⑬はなくてもいける。）

朝～始業式

いいところ
メモ
①　　　さん

①7時30分には出勤
②8時10分～8時20分
　　　　　　旧学年の教室で教師はまつ。（旧　年　組）で子どもをまつ。
　　　　　　荷物を机上におかせる。
　　　　　　またせる。予定を少しいう。

③8時30分　職朝へ（席にすわっておくように子どもにいう。）
④8時35分　職朝終了後、教室へもどる。
　　　　　　トイレにいかせる。
　　　　　　静かにさせる。心構えをいう。

⑤8時40分　**講堂へ移動**（にもつをもっていく。）
　　　　　　テラス（外側）から移動（旧　年　組の子は）

⑥8時45分　始業式
　　　　　　（教師がもっていくのは、このノートのみ）

始業式（態度のいい子をメモする。）

⑦始業式後　　新（　）年生は、（　　　　）で組み替えの予定だが、
　　　　　　①講堂をでる。新教室へ。
　　　　　　※1階での上靴入れは、1時間目は適当でいいという。

　　　　　　②新学年の廊下へ、移動させる。
　　　　　　　座らせる。
　　　　　　※外の場合だけ、後で荷物をとるようにする。

I　黄金の三日間から一カ月でクラスの土台部分をつみあげよう　25

⑧学年団のあいさつ　①静かにしてるかを確認。静かになったら、
②背面黒板の拡大用紙を開き、席順つき名簿をみえるように。
（朝から後ろの黒板に半分析にして、かくして貼っておけばいい。）

③教師は廊下に戻る。子どもたち全員にあいさつ。
「よろしくね」という。すみやかに簡潔にあいさつ。
1組は、〇〇先生、2組は、〇〇先生です。

では、お待ちかねのクラスの発表をします。紙をみせます。
わかったら、その新教室にいきましょう。
座る場所は決まっています。その場所に座っておいてね。

⑨組み替え　（クラスわけは、拡大用紙を廊下に2枚貼って、みさせる。）

順番にみさせて、移動させる。

すぐに教室に入らせる。入ったら座席表をみて席にすわる。
「ここまでの人、見にいきましょう」とやっていく。
（端っこにはる。順番にみせる。）

（4/　・　曜日）

1時間目

8：45
〜9：30

（子どもたちは席に座っている状態）

①席についての説明をする。

・「出席番号を覚えるために出席番号順に座らせる。1週間前後で変える。」という。
・目が悪い子には、少しの間だけ我慢してねという。

※学級の荒れ度によって、初めからしんどい子を隣にしないなどを決めることあり。
※荒れているならば、2日目から変えてもいいかもしれない。

②番号の順にロッカーに荷物をいれさせる。

1〜10、11〜20、21〜30のようにいれさせる。（混雑防止のため。）
戻らせる。
教室の横に上ぐつがあるなら、子どもに順番通りに直させる。
1〜10から順番にいかす。すでに入っている人のは上におくようにいう。

③机、椅子の高さを合わせる。

背の高い子、低い子で机、椅子を交換させる。

④自己紹介、先生紹介などは、休み時間の後にするねという。
しかし、みんなはテキパキ動いてえらいねとほめる。

| 休み時間 | 教科書をとりにいくのと、教師の荷物をとりにいく。
※基本、教師が全てやっておく。すでに終わっていれば遊ぶ |

> 楽しく、
> 明るく、
> ほめまくろう！

2時間目

9：40
～10：25
学級会

①教師の簡単な**自己紹介**をする。

　　山本東矢。教師〇年目。いつでも、みんなが仲良く楽しいと思うクラスにしたい。
　　そのためにはみんなの力が何より必要。
　　自分の幸せだけでなく、みんなの幸せを考えることが必要。
　　みんなのやる気が一番大事。一緒にいいクラスを作っていこう。という。
　（質問を５つきく。）
　　今、はまっていることがあります。
　　「手品」をひろう。

②出席をとる。※ここまでにやんちゃな子をほめておくといい。
　全員立たせる。
　「名前をいわれたら、ハイといいます。いい声なら、OK です。座っていきます。」

③**学校にくる理由を確認**する。「みんなが幸せになる方法を身につけるため」

　　　一・友達と仲良くする方法を知る。（友達づきあいを学ぶため。）
　　　二・かしこくなる方法を知る。
　　　三・人と協力をして、自分にはできないことを達成する経験をするため。

④教科書を配る。

　　　一、一方通行を教える。　　二、一人一人こさせる。　　三、もらうときは両手で。
　　（待っている人は、教科書に折り目をいれて、静かに教科書読み。）

⑤教科書の確認。

⑥**伸びる条件**をいう。（２日目でもいい？）

　　　（一・ていねい。二・続けて努力できる。三・チャレンジする。あきらめない。）

⑦教科書に、名前を書かせる。丁寧に。（時間なければ家で書いておいでという。）

⑧時間のある限り、国語教科書、扉のページを音読。ほめる。

Ⅰ　黄金の三日間から一カ月でクラスの土台部分をつみあげよう

休み時間
①手紙を並べておく。子どもと遊ぶ。
②子どもと遊ぶ。

靴箱への番号は、明日からとする。

> 楽しく、
> 明るく、
> ほめまくろう！！

3時間目

10：40
～11：25
大掃除・
学級会

①手紙を配る。(量が多いので、順にとらせる。)
②エジソンの話(電球をもっていく。3万回以上の失敗をして成功をした。たくさんの間違いをしてもあきらめずに努力を続けるのが大事なんです。)

---

③叱る三原則

(先生は基本的に叱らずにしたいですが、どうしても思い切り、きつく叱らなければいけないときがあります。みんなを守るためにも、成長してもらうためにもです。)
一・命にかかわること
二・いじめや差別
　〇机をわざと離すのもだめ。〜〜菌とかするのもだめ。
　〇ほんのちょっとでもいじめたことがある人は、立ちなさい。(時と場合による)
三・何度いっても直そうとしない。

---

④連絡帳の確認。
　印刷したものを配っているので、それの確認。
一、時間割など
二、しばらくは時間割は固定されません。
三、給食の用意いります。(次の日、給食なら。)

> 本当によくきたね。
> うれしいの気持ち現す

---

⑤明日の朝来たらすることをいう。
一、ランドセルの中のものを机にいれる。
二、ランドセルを片付ける。
三、朝学習の用意、しばらくは本を読むので、本をおく。
四、チャイムがなるまで休み時間。
五、チャイムがなったら席に座って本読み。
※本のかしかりなし。　※しゃべりません。静かに本読み。
(2日目が月曜日なら並び方を教える。並ばせる。名前順でいい。)
(朝礼台の人のほうをみて話をきく。手足をふらふらさせないできくのが
　マナーがいいことを伝える。)

---

⑥ゲーム(船長さんの命令)

⑦ゴミ拾い（静かにしてやっているうまい子どもをほめる。）

（次の日が月曜日ならば、並び方を教える。朝会の並びのやり方を教える。）

⑧くつは、番号で並べるようにいう。明日から。

（放課後に紙をはっておけばよい。）

⑨さようなら　挨拶をしたら握手をして帰る。（子どもの様子により握手しない時あり。）

子どものよいところメモ

|教師の放課後にすること|

①遠足下見
②子どもたちの地区別児童集会場所を確認。すでに、印刷などをしているか？
③朝の過ごし方、流れをはる。
④黒板にメッセージ、時間割を書く。
⑤給与名簿を作成。
⑥高速〇年の漢字の印刷。
⑦明日の準備物の用意。
　※のど飴を買っておこう。

1日目の連絡帳　（できたら、連絡帳に書く。）

連絡帳（　）年（　）組（　）番　名前（　　　　　　）

手　　教科書とスキルなど全部で（　　）さつ

宿　なし

持　・給食の用意　・読書用の本（文字が多い本がのぞましい。）
　　・お道具箱　　・国語と算数の教科書

時　① ② ③ ④ ⑤ ⑥

連　・給食あります。
　　・しばらく時間割通りではありません。国語と算数の教科書はもってきてください。
　　・保険調査票と家庭環境調査票を書きたしてください。
　　・名札に名前をペンで書いておいてください。
　　・教科書にも名前を書いておいてください。

※高学年ならば書かせることができるが、忙しいので、1日目は印刷でよい。

黄金 二日目

月　　　日　　　曜日　　給食あり　6時間

準備物
①給食当番表　　②一人一当番表　　③そうじ当番表　　④学級通信
⑤クラス目標決めプリント　⑤ノートスキル　⑥うつしまる

朝
①朝ははやめに教室にいく。
　あいさつをたくさんする。

②チャイムが鳴ったら、静かに座って本読みをするようにいう。

③月曜日の時は、運動場にはやめにつれていき、並ばせる。(名前順でいい。)

1時間目

8:45～9:30　学

①静かに本を読んでいる子をほめる。
②あいさつ　5秒で立つ。大きな声で、間延びせず。3秒おじぎをとめる。
③船長さんの命令ゲーム

④手紙をとらせる。
　(朝会があったときは、よい態度の人をほめる。)

⑤班長を決める。1～6番までの番号を決める。
⑥地区別児童集会のことを伝える。
　どこにいくか、連絡帳に書かせる。(教師はメモ)

⑦一当番を決める。
1、前の学年はどんな当番があったかをきく。
2、絶対になくてはいけない当番と
　　なくてもめちゃくちゃは困らない遊びの当番をわけるという。後で作るという。
　(低学年は、グループ当番　3年生以上は一人一当番)
3、当番をじゃんけんなどで決める。
4、当番の確認。名前をよんで立たせて覚えさせる。

休み時間　　子どもと遊ぶ。

2時間目

9：40～10：25　算数1回目

①当番がまだなら決める。

②算数ノートスキル指導　　１５分

※ほめまくる。
　　時間があれば、超簡単な問題を板書させ、実際にノートを使い、イメージをもたせる。
　　プリントは、持って帰らせる。はらせない。（時間がかかる。）

③筆箱の中身をチェック。

④「忘れた場合は借りにくる。貸してください。」というように教える。

⑤よけいなものはもってこない。アクセサリーもダメ。

⑥名札、帽子の確認。

⑦ゲーム・プリンを奪え

⑧休み時間の過ごし方、終わった後の指導。

一・はやく戻ってくる。チャイムがきこえたらすぐに。先生もチャイムを守る。
二・チャイムがなったら後ろからはいる。
三・いそいでいるようにみえるのがいい。
四・廊下で休み時間をするのはいいが、基本的に自分のクラスのところにいておこう。
五・ボールを借りる人は、黒板に名前をかく。その人が持ってくる。
六・休み時間後、先生がなにもいわなければ、本読みをする。いないときも同じ。

3時間目

10：40～11：25　地区別集会総合か生活

①地区別の場所に行かせる。

地区別集会で絶対にすること

①会長、副会長の確認。

②班のメンバーがいるか確認。
　　並ばせる。班長、副班長を確認。
　　※班をあらたに作らなくていいかを確認。人数が多すぎれば。

③班名簿を作らせる。

④登校時間の確認。

（地区別集会がなければ、）
　　　　１５①前年度算数確認テスト　（テストは１週間以内でいいと考える。）
　　　　３０②ソーシャルスキルカルタ

4時間目

11：35～12：20　国語1回目

　10①暗唱
　10②**給食当番のメンバーを決める。**二週間でするものが変わることをいう。

7　③＋言葉、－言葉の指導。隣の人にむかっていってみよう。（＋言葉を。）

　8　④（地区別集会のことをきく。）音読。

⑤給食指導　　（10分前からゆっくりと確認をしながら行う。）
1・今までとやり方が違うかもしれませんが、先生のやり方でやります。
　　まずはおためしで1週間ほどしてみます。その後変更は可能です。
2・全員本読み。
3・給食当番のみ立つ。　　（他の子が本読みしているかをみる。ほめる。）
4・給食当番着替える。ナフキンをしいて、手を洗い並ぶ。
5・他の人は戻ってくるまで本読み。
6・給食当番が戻ってきたら班の形にする。（当番の分は他の人が。）
7・給食当番が1～6班の順で運ぶ。
　　当番でない子が「手を洗う、ナフキン用意」する。6～1班の順番で行う。
8・配ったら、「頂きます」をする。
9・頂きますの後、減らしたり、増やしたりする。
10・おかわり
11・10分前に席を戻す。
　　（この時、掃除は初めてなので、掃除時間に丁寧にすることをいう。）
12・静かに食べる。なるべく残さないように集中して食べる。
　　（食べ終わった人から歯を磨く。歯を磨くときも静かな時間ならば話さない。）
13・のこす。
14・給食当番は前にでてくる。何をするのかの確認。
15・ごちそうさまをするが、机はさげない。（走り周りを防ぐ。）
　　すぐに休憩ではない。
　　給食当番が全員でてから合図があってから、休憩になります。
16・ごちそうさま。（教師がハイといってから動く。）
　　（歯を磨いていない人は歯を磨いてから休み時間。）
17・当番がでてから、当番ではない子を休み時間とする。

給食
昼休み

掃除

①席に座っている子をほめる。
②掃除の手順を説明する。分担する場所をいう。

③今日は、**教室とろうかだけをする**という。

まじめに掃除に取り組んでいる人から終わるという。
基準は、しゃべっていない。人と離れて掃除をしている。ゴミをとる量が多い。
④掃除開始。（とにかくほめまくる。）

Ⅰ　黄金の三日間から一カ月でクラスの土台部分をつみあげよう

5時間目

13：40～14：25　学

①掃除を良くやっていた人をほめる。
②**当番の確認**　名前の確認とできたかできていないか。
③給食の事で質問がある人はないか聞く。
④**＋言葉を使ったか**きく。いえた子をほめる。－言葉をいわない努力をした人をほめる。
⑤**連絡帳**を書く。かなりきれいに書かせる。
⑥1秒、3秒、5秒、10秒、20秒スピーチ指導　以下の文をいわせる。順に。
　1・私の名前は～です。
　2・好きなことは～をすることです。なぜなら、～～だからです。
　3・好きな食べ物は～です。　～だからです。
　4・この1年間でがんばりたいことは～です。
　5・（みんなにメッセージ）
　6・よろしくお願いします。

6時間目

14：35～15：20　国2回目

15①漢字スキル（ドリル）の指導。
　　　空書き。ゆび書き。なぞり書き。うつし書き。2つぐらい。
7　②**整理整頓**の仕方
　　　通路側の横フックはかけない。
　　　机の中の使い方。使い終わった教科は一番下に。

> この時間は
> 次の日でもいい。

15③**学級目標**を決める。
　　　プリントに書かせる。回収。ださせる。
　　　できた子は、本読み？静の時間を作る。or 暗唱
7　④暗唱
　　　※時間があれば、二人組質問ゲーム

終わりの会
　①帰る用意。
　　　早く帰りたい？なるべく早く。時間を計る。
　②「落ちた落ちた」か「船長さんの命令」
　③大きな声のあいさつをさせる。

連絡帳　時　①学　②国　③体　④国　⑤算
　　　　手　枚
　　　　連　髪が長い人は、髪どめ
　　　　　　（体育の安全のため）
　　　　持　なわとび
　　　　宿　①30秒スピーチの練習

教師の放課後にすること
①掲示物をはる。
②朝の過ごし方のやつをはる。
③出席簿の押印（名前が確定をしたので）
④クラス目標決め三つにしぼる。

黄金 三日目

| 月　　　日　　　曜日　　　給食あり　　　5時間目 |

準備物
　①前年度の力を確認するテスト　②学級通信

入れ替え自由

①朝ははやめに教室にいき、**あいさつ**。
②連絡帳を書いている子がいたらほめる。
　ほめまくる。（低学年は授業中に。）
③チャイムが鳴ったら、静かに座って本読みをするようにいう。

1時間目
8：45〜9：30
学級会

静かに本読みをしている子をほめる。
3　①あいさつ　本日の予定をいう。
6　②連絡帳を書く。チェック。
　　　（あすから、朝の時間に書くよという。）
4　③船長さんの命令。
5　④スピーチの練習。1秒でする。3秒でする。5秒。10秒。15秒。
22　⑤**スピーチ**。
5　⑥**一人一当番**のこと確認　名前をいわせる。（1時間目に確認）

2時間目
9：40〜10：25
国語3回目

15　①ソーシャルスキルカルタ
10　②扉の詩の音読
15　③読解

5　対面式のことをいう。　（2か5時間目に確認）

（4/　・　曜日）

3時間目
10：40〜11：25
体育（中）
1回目

（休み時間中に着替える。）

①教室から。席に座らせる。
　着替えがきちんとしているかをみる。
②忘れ物があったときはどうするか。
③髪の毛をいれよう。静かに移動。
④集合練習　　バラバラ。班ごと1列。きたもの2列。

⑤増え鬼ごっこ
⑥足ジャンケン
⑦リズム太鼓

⑧体ほぐし、メリーゴーランドなど
⑨だいたいの背の順を決める。
⑩猫とネズミ
※集合の仕方を教える。集合したらしゃべらない。ふらふらしない。
　教師の目をみる。

> メインは
> 集合を教える。

4時間目
11：35〜12：20
音楽1回目

10①わらべ歌「お茶をのみにきてください。」
15②歌指導

5　こそこそ話禁止。人にみせない。　（3か4時間目に確認）
5　－言葉は口にださない。＋言葉をいっているか。

5　はやめに給食の用意。丁寧に行う。

給食　　　給食のときによく、掃除場所の確認。

掃除　　　一度、席に着かせてから、掃除を行う。
　　　　　班の場所を確認する。
　　　　　何分までに終えて何分に戻るように伝える。

（4/　・　曜日）

5時間目
13：40～14：25
算数　2回目

5　そうじがしゃべらずにできたかの確認

7　①**ノートの使い方**。簡単なかけ算、わり算などの問題で。
20②普通に教科書通りに授業

8　指名なしで今日楽しかったこと。（5時間目に必ず確認）
5　ケンカしていないかの確認
5　一人一当番の仕事を確認

終わりの会

①朝学校にきてからの動き確認
②落ちた落ちた
③本気のあいさつ

連絡帳　手
　　時①対面式　②算　③音　④図工
　　　⑤体　⑥図書
　　宿①音読2回以上
　　　②暗唱5回以上
　　持　なわとび

教師の放課後にすること
①朝の過ごし方のやつをはる。
②前年度の漢字のやつがあるか。
③児童の電話番号などの名簿を少し作る。
④並びの注意点を書く。

※4年生を基準にしている。下学年はすることを減らして使ってください。

I　黄金の三日間から一カ月でクラスの土台部分をつみあげよう

2．新年度準備、黄金の三日間実物資料集でスムーズにスタートダッシュをきろう

（3）黄金の四日目以降、実物資料

黄金 四日目　　月　　日　　曜日　　給食あり　　6時間目

[すべきこと]
①みんな遊び、班遊びについて考える。
②ほとんど普通の授業で進める。　③前年度の漢字確認テストをする。
④学級目標を決める。　⑤個人写真をとる。（図工のために）

入れ替え自由

①朝ははやめに教室にいき、**あいさつ。**
②連絡帳を書いている子をほめる。ほめまくる。（低学年は授業中に。）
③チャイムが鳴ったら、静かに座って本読みをするようにいう。

1時間目
8：45～9：30
対面式

①並びの注意点をかるく確認し、
②対面式にいく（みどり小学校は運動場で行う。）

態度が良かった人の名前

2時間目
9：40～10：25
算数3回目
（普通にする。）

①「ノートと教科書をワンセットにしておく」を教える。

3時間目

10：40～11：25
音楽2回目

（4/　・　曜日）

> 5　対面式態度確認（2時間目か3時間目に）
> 5　一人一当番確認

7①お茶をのみにきてください。
8②ハローハローハローハロー　やあこんにちは、ごきげんいかが♪
　（スピーチが終わっていない場合。）

> １０①みんな遊び、班遊びのこと
> １０②学級目標を決定　（先生の三つの候補から一つを選ぶ）
> 　　何ができたらそれが達成できる？

4時間目

11：35～12：20
図工1回目

> 3　戻りの早い子をほめる。（4時間目に）

> 図工
> ①掲示物を作らせる。
> ②早く終わった子は、うつし紙で何かを写させる。
> 　（この時にカメラで個人写真とる。後日、白黒で編集し、
> 　　河田式自画像指導をする。）

給食　　　　給食のときによく、掃除場所の確認。
掃除　　　　一度席に着かせてから、掃除を行う。班の場所を確認する。
　　　　　　何分までに終えて何分に戻るように伝える。

> 　　　　　　　　　　　給食のタイムをはかる。（　　　　　　）

Ⅰ　黄金の三日間から一カ月でクラスの土台部分をつみあげよう

（4/　・　曜日）

5時間目

13：40～14：25
体育（中）
2回目

3　掃除の確認（5時間目に）

①着替えの早さを確認
②移動の仕方をみる。
③門の前で人数を確認する。
④なわとび
⑤体ほぐし（集合をさせながら）
⑥朝会の態度を教える。
⑦めちゃぶつけ

6時間目

14：35～15：20
国語
4回目

15　漢字確認テスト←はじめの図書の時間にしてもよい。
5　答え合わせ

7　高速〇年の漢字音読　or　暗唱

10　質問ゲーム
　　（二人組で質問をしあう。答えたら回数に入る。
　　　10質問し答えてもらったら座る。）

8　班質問ゲーム

終わりの会

①一人一当番確認　②隣の人のがんばったところ
③**班のあいさつリレー**を教える。（学年、実態に応じる。）
④**あいさつ勝負**を挑む。（学年、実態に応じる。）

帰る準備のタイムを計る。（　　　　　）

連絡帳　　手
　　時①算　②総合　③国　④学　⑤道
　　連①月曜から宿題少しずつふえます。
　　宿①音読

教師の放課後にすること
①朝の過ごし方のやつをはる。
②人付き合いマナー15を印刷。
③算数の小テストがあるか確認。

黄金 五日目

| 月　　　日　　　曜日　　　給食あり　　　5時間目 |

すべきこと
①前年度の算数テストを完了。（5日目までに）
②成長ファイル導入　③人付き合いマナーを印刷
④金氏のやつを印刷　⑤カメラをとる。

1時間目
8：45〜9：30
算数4回目
（普通に）

①朝ははやめに教室にいき、**あいさつ勝負**。
②連絡帳を書いている子がいたらほめる。ほめまくる。（低学年は授業中に。）
③チャイムが鳴ったら、静かに座って本読みをするようにいう。

2時間目
9：40〜10：25
総合
学級写真

学級写真をとる。
　「早くならぼう。背の順で並ぼう。だいたいでいい。」

集団登校迷惑をかけていないか。

3時間目
10：40〜11：25
国語

8　　①漢字
3　　②音読宿題の確認
5　　③扉の詩音読
24　④読解2回目

5　　⑤物語文の音読

I　黄金の三日間から一カ月でクラスの土台部分をつみあげよう

4時間目
11:35～12:20
道徳
(4/ ・ 曜日)

```
7     ソーシャルスキルカルタ

8   ①ほめほめクラブ
10  ②成長ファイル
      人付き合いマナーの紙を渡す。はらせる。音読
15  ③クラスをよくするためにのプリント
```

```
5   暗唱「こだまでしょうか」←できなくてもいい。
```

給食　　給食のときによく、掃除場所の確認。
掃除　　いきなり、掃除にいかせる。
　　　　何分までに終えて何分に戻るように伝える。

5時間目
13:40～14:25
理科

```
5     そうじのうまかった人の確認
15    算数確認テストと答え合わせ←空いている時間に実施
```

```
理科の授業　25
```

終わりの会
①朝会の態度についていう。
②友だちのいいところを発表
③あいさつリレー

連絡帳
　　手
　　時①
　　宿①
　　　②

教師の放課後にすること
①朝の過ごし方のやつをはる。
②朝会の態度をかく。
③時間割を拡大しではる。

1～5日目に知ったこと

①最初の週に図書室にいってはいけないらしい。→いろいろと決められるからいいかとも思う。

6日目　　　　　　　　２０１３年は４月１５日（月）

①宿題の仕方を指導。　　　　　　　　６日目
②「そうじ」、「給食」、「一人一当番」、「整理整頓」、「休み時間の戻り」、「喧嘩の数」、「＋言葉」、
　「あいさつの確認」は通常より少し多めにする。　　４～７日目
③感動道徳「努力の話」（左手一本のシュート←しかし、脳梗塞の話があるので保護者の状況に注意）
④健康チェックの仕方を教える。
⑤みんな遊び、班遊びを決定しているか。
⑥算数１０マス計算（スピード教育）

7日目　　　　　　　　２０１３年は４月１６日（火）

①宿題の提出のし方を指導。　　　　　　　７日目
②締め切りに間に合わない人は、図書やパソコンの時間、休み時間に違うプリントをする。　　７日目
③「そうじ」、「給食」、「一人一当番」、「整理整頓」、「休み時間の戻り」、「喧嘩の数」、「＋言葉」、「あい
　さつの確認」は通常より少し多めにする。　　４～７日目
④席替えをする。
⑤班遊びについて考えておけという。

体育ですること第一時～第三時
それぞれの日の目的をかく。
スピードを上げることが目的。
趣意説明をしながら。
徐々にいれていく。
あくまでも焦らない。
子どもの様子をみながら。
図工ですること
①顔の絵

8日目　　　　　　　　２０１３年は４月１７日（水）

①みんな遊びから班遊びを実施する。
②顔の絵を描く。
③ハッピーレター
④班遊び実施
⑤漢字高速よみ２回目

9日目　　　　　　　　２０１３年は４月１８日（木）

①朝学習にする学習を行う。
②クラスの目標を掲示する。
③質問ゲーム、反論ゲームを教える。

放課後、家ですること
①家庭訪問のことをする。

１０日目　　　　　　　　２０１３年は４月１９日（金）

①朝学習開始　４～５分のものから。教師がついている時に。
②長文をかく作文指導１
③体をとめる。コントロールする
④学年の掲示板の掲示が終わったか。
⑤「ノートと教科書をワンセットにしておく」を教える。
⑥みんな遊び実施

放課後、家ですること
①備忘録を新しくする。
②宿題パターンを決める。
（ほぼ宿題をさせていくから。）

| １１日目　　　　　　２０１３年は４月２２日（月） |

①あいさつを一人一人、全員で行う方法を考える。
②家に帰ってからすることの確認。
　（中身を全てだし連絡帳をみせる。準備をしてから遊ぶ。先に遊ぶ場合は、宿題を机の上に置くなど目
　　につく場所に置いておく。）
③学年掲示を作り終える。
④長く書く作文２

| １２日目　　　　　　２０１３年は４月２３日（火） |

①ほめ勝負
②２回目長文指導
③漢字のテスト練習２回を終える。
④参観の掲示などを終える。
⑤ハッピーレター

| 図書室へいく。 |
| 図書室の使い方を指導する。 |

| 放課後、家ですること |
| 本気のスピードの指導をいれていく。 |
| （１３日目以降でいい。） |

| １３日目　　　　　　２０１３年は４月２４日（水） |

①宿題「テーマ作文」
②漢字テスト
③信頼貯金　　道徳をこの週は２回する。総合などを一つ削って。

| １４日目　参観　　２０１３年は４月２５日（木） |

①そろそろ第１回目のテストを考える。
②漢字高速よみ３回目

| １５日目　ゴールデンウィーク前　　２０１３年は４月２６日（金） |

①質問ゲーム

| １６日目　　　　　　２０１３年は４月３０日（火） |

①反論ゲーム

| ゆっくり、生活指導を入れた分。 |

総合（生活）、音楽、理科、社会を少し削って取り戻す。

総合２時間、音楽２時間は削る？

| ５月からは |
| ①チーム遊びをいれる。 |
| ②高速学習をいれる。本気指導は５月２０日あたりから。 |
| ③朝学習をさらに本格的にさせる。 |
| 　（無理なく、あせらずにしよう！　山本はあせりすぎ。子どもに伝わる。） |

3．打ち立てよ！学級の大黒柱「当番活動」
（1）公平な世界をつくるのが大事

①平等をつくるために、最低限必要な当番ルール

　一人一当番、給食当番、そうじ当番が機能しない学級は、不公平感満載である。

　給食でもおかわりを勝手にする子がでたり、自分だけ増やそうとしたりすればおかわりしたい子は不平不満がたまる。

この状態でいくら学級をよくしましょう。人にやさしくしましょうといっても入るわけがない。

　日頃から、自分勝手な人が横暴な振る舞いをしているのだから。

　おかわりを勝手にさせないためには、「おかわりは、先生がします。」と先生がしきってしまえばいい。

　自分だけ増やそうとするのならば、「自分がよそってもらったものは、自分の机の上においてはいけません。1班からじゅんばんにくばりましょう。また、途中でだれかと給食の中身を交換することはできません。もし、多すぎたり、少なすぎたりしたら、いただきますの後に先生にいってからします。」と言って、

不平不満が起こりにくいシステム

をつくればいいのである。

　いろいろなやりかたを考えるのが大事だ。

　学校の実態によって変えていただければいい。

　しかし、いずれにせよ、当番システムは研究に研究を重ねたほうがいい。なぜか。それだけでトラブルを激減させられるからだ。

　授業の腕をあげて子どもをよくするのは難しい。しかし、システムを変えて子どもをよくするのはそれほど難しいことではない。

Ⅰ　黄金の三日間から一カ月でクラスの土台部分をつみあげよう

3．打ち立てよ！学級の大黒柱「当番活動」
（2）一人一当番指導で大事なこと

①一人一当番のよさ、確実に仕事ができる

　私は、日直をつくらない。
　日直をつくったらいけないわけではない。
　日直の仕事を朝のあいさつと終わりの会のあいさつだけにするなど、簡単な内容にするのならばいいと考える。
　なぜそういうのか。例えば、給食のときのあいさつなどの仕事を与えると慣れていないので、全体への指示が悪く、動きが鈍くなるからだ。
　すると教師が日直に毎日指導をいれないといけない。
　これはよくない。
　だから、給食のあいさつは、一人一当番にさせている。
　これならば、

> やることが明確だし、一つだけだから、子どもも忘れにくい。何回もやっていくうちに仕事がとてもスムーズに行われる。

というわけで、日直をつくることがないのだ。一人一当番でいい。
　さて、一人一当番の中でも絶対に必要な仕事がいくつかある。
　秘書さん、配り係、放課後教室整理、お休みカード、給食号令、宿題チェックなどである。
　最も多く、日ごろやることであるからだ。
　ここを確立していくと、クラスは極めてスムーズに動く。
　「日直がなくて大丈夫？」と思われる方がいらっしゃるかもしれないが、ここ10年やっているが、まったく問題はなかった。
　自主性が育たないとかも関係ない。
　どうぞ、一度、お試しいただきたい。

②どのように一人一当番をいれるか

　４月初めに、去年はどんな当番だったかを聞く。どういう仕事があったのかも。全て聞く。
　そして、こう言う。
「去年のやり方もいいね。今年は、

> 学年も変わったので、新しいやり方でやってみるね。
> やってみて、やっぱり戻したいと思ったら戻していいからね。
> 一か月後にききますね。

先生のやり方も結局は今までやり直しにならなかったので、いいかとは、思います。」
　そういって、一人一当番の印刷した紙をわたす。（実物資料）

③一人一当番、決め方の具体例

　一人一人、仕事を分担してもらいます。
　そちらの方が、仕事のおしつけがなくていいからです。
　さて、どの仕事がしたいですか。
　これは選ぶことができます。したい仕事を三つ〇しなさい。
　あっ、ところで質問があったらいってくださいね。
（質問をうけつける。答える。）
（チョークチェックって何をするのですか。）
　古いチョークがあれば、捨てて、新しいチョークを用意するのです。
　では、質問ないですか？
　では、したい仕事、ベスト３を決めてください。１、２、３と印をつけなさい。
　では、いまから一番したいやつに手をあげてね。
　お休みカードをしたい人。

〜〜
　今、手をあげているのをみていますか？
　それは人気ですよ。もしかしてじゃんけんで負けるかもしれないから、第二希望にうつるのもありだからね。
1回戦
　では、朝の準備係をしたい人。〜〜
　（全てを聞いていく。）
　では、もう、いいですか。
　次からじゃんけんをしていきますよ。
　お休みカードをしたい人？
　あっ、4人いるね。では、じゃんけんで3人に決めます。
　決まったら、その人は先生に「決まりました」と言って、この一人一当番の先生の紙に自分の名前を書きにきます。
　仕事の名前の近くに小さく名前を書いてね。
　（同じようにして、全てを決めていく。）
　今、負けた人。残念だけど、2回戦がはじまるまでまっていてね。
（といって、1回戦目をじゃんけんで全て決めていく。）
2回戦目
　では、2回戦です。
　今、残っている人は、何の仕事が残っているか、いうよ。
　黒板けし、秘書さん、〜〜です。
　では、再度、どれが一番やりたいか決めましょう。
　はい、では、さっきと同じようにじゃんけんをするよ。
（決めていく。）
　と、このようにして、全てを決める。
　全てが決まったら、何度もその仕事の名前を言わせて、仕事の内容を言わせるようにする。確認である。

④仕事をしたかどうか、確認が大事

　確認をしなければ、子どもは仕事をするようにはならない。
　確認の方法は、大きく三つある。
　1つ目は、札を裏返しにする方法
　2つ目は、札を移動させる方法。
　3つ目は、指名なし発表で確認をする方法だ

確認方法1つ目　札を裏返しにする方法

　両面マグネットを使う。
　片面には名前が書かれてあり、片面には名前が書かれていない。
　始めは、表の名前があるほうにする。
　仕事が終われば、裏返すという方法である。
　仕事をしたかどうかがはっきりする。
　たまに、裏返すことを忘れる子がいるので、一

当番で終わりの会まぎわに、仕事が終わった人は裏返してくださいという役をつくるといい。

確認方法2つ目　札を移動させる方法

　裏返す代わりに、横のボードに移動をさせるという方法。
　仕事が終わったら、終わりましたのマグネットが付いたボードに名前を移動させる。
　仕事が終わっていない子は、取り残された感じになる。これも同様に

Ⅰ　黄金の三日間から一カ月でクラスの土台部分をつみあげよう

忘れる子がでるから移動するようにいう係があるといい。

両面マグネットを使わないので、安くすむ。（両面マグネットは高いし、学校においていない場合がある。ただし、ボードを二つ購入しないといけないが。）

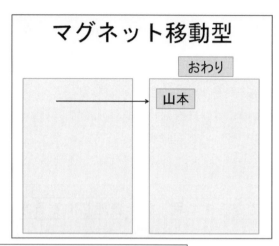

確認方法３つ目　指名なし発表で確認をする方法

指名なし発表で確認をする。

これは毎日でもいいし、たまにでもいい。

「〇〇の仕事です。やっています。」のように、言っていかせる。

例えば、「ひしょさんです。やっています。」「お助け係です。たまにわすれます。すみません。」のような感じだ。

指名なし発表の練習にもなる。

発表後につめが必要だ。

「忘れてしまったと言う人、立ちなさい。」

（５秒間をあけて）次はできますか。

（はい）

（５秒間をあけて）「はい、がんばってね。」とやる。

緊張場面での確認をつくるようにする。

３つの方法はどれも一長一短ある。

最近の私は、指名なし発表の方法で確認をしている。

手間がかからないのが一番であるし、ずるをして休む子を見つける目がかなり育ってきているからなのもある。

3．打ち立てよ！学級の大黒柱「当番活動」
（3）一人一当番実物資料

みんなを快適に！　一当番　（　　学期）

みんなが気持ち良く、快適にすごすためには「学級の仕事」をすることがかかせません。
「学級の仕事」は量が多いです。ですから、みんなで分担して仕事を行いましょう。
1人がみんなのために動きましょう！
みんなが気持ち良く過ごせる教室を作りましょう。

朝の時間の仕事

山本　1．**お休みカード記入1**
林　　2．**お休みカード記入2**
本吉　3．**お休みカード記入3**　（①休んでいる子に連絡帳を書いてあげる。②休んでいる子に近い人に連絡帳や配布物を配る。<u>4時間目はじめまでに書く。</u>）
原田　4．**朝、掃、夕のとびらまど、あけしめ**
　　　　　　　　　　　　　　　　（窓をあける。しめる。朝、そうじの時間、放課後）
小林　5．**朝、夕、名札声かけ**　（名札をつけるよう、はずすように声かけをする。数を確認。）
若井　6．**朝の準備、朝学習係**　（28分前、30分、32分に声かけをする。）

昼の時間の仕事

松下　7．**えんぴつけずり＆けずりすて**
　　　　（①先生のえんぴつ、赤えんぴつをけずる。②赤えんぴつが残り少なくなったら先生に報告する。<u>3時間目の休み時間まで。基本月曜日にすてる。</u>）
奥　　8．**給食ごうれい**　①給食待っている間、友達が着席して、本を読んでいるかを確認。
　　　　　　　　　　　　②水飲み場がすいてる時をみて当番でない子に手を洗うようにいう。
　　　　　　　　　　　　　（1，2班、3，4班、5，6班の順番で混雑をしないように。）
　　　　　　　　　　　　③給食のいただきますを言う。
岡倉　9．**給食チェック**　①食器はさみがかかっているか　②台がきれいか　③バケツが写真通りにきれいに並べられているかをみてできていなければ、直す。
　　　　　　　　　　　　④給食号令の補助

木村　10．**チョークチェック＆本棚整理**
　　　　（①短いチョークをすてる。長い、白8本、黄色3本のチョークを用意。なければ事務室でもらう。）
　　　　（②学級文庫の本を整理する。<u>昼休み前と帰り</u>）

荒木　11．**体育じゅんび係1　男子**
　　　　（①講堂をあける。閉める。②講堂の電気をつける。消す。<u>体育の時間前後の休み時間。</u>）

Ⅰ　黄金の三日間から一カ月でクラスの土台部分をつみあげよう

| 笠原 | 12.体育じゅんび係2　女子 | （①縄跳び等もってくる。②鉄棒に逆上がり器具つけ。） |

| 大野 | 13.体育じゅんび係3 | （①時間を測り早い子と遅い子ベスト3を記録。） |

| 橋詰 | 14.ゴミ箱きれい | （①ゴミ箱のゴミ捨て場にすてにいき、ゴミ袋をつける。） |

西尾　15.石けんチェック
　　　　　（①石けんの用意。給食のとき　③石けんの交換。液体石んなどをもらいにいく。）

河南　16.お助け係　（①けが人を保健室に連れてく。②健康調査票を保健室に持ってく。）

片桐　17.黒板消し1　（①黒板きれい。1～3時間目休み時間。黒板消しもきれいにする。）

中川　18.黒板消し2　（①黒板きれい。4～6時間目休み時間。黒板消しもきれいにする。）

　　　　　※ できていないときは、気がついたほうがする。

太田　19.電気つけ、けし　（朝会時、体育前に、5分前には消す。早く気がついてもらうために）

その時々に必要な仕事

梅沢　20.ひしょさん1

山本 隼 21.ひしょさん2　（先生のお手伝いをする。先生に言われた時。）

山本 美 22.ひしょさん3

田丸　23.ＴＶつけ、けし＆けいじお手伝い
　　　　　（①ＴＶのつけけしをする。②けいじ物をはがす、はる。はがれているけいじを直す。）

久野　24.配達さん1　（配りものをくばる。各休み時間。）

村野　25.配達さん2　（配りものをくばる。各休み時間。）

放課後の仕事　　（終わったら先生に終わりましたと報告をして帰ります。）

中桐　26.整頓チェック係（ぞうきんそろえ、ロッカー内がきれいかをみて、直す。）

村上　27.ほうか後、教室整理1
　　　　　（①放課後に、机、イスがみだれていないか。ゴミが落ちていないか確認する。）

大原　28.ほうか後、教室整理2

京極　29.ほうか後、教室整理3　（机そろえを中心）

根木　30.予定連らく係（黒板に宿題・時間わりを書く。）

山本 有 31.日付づき＆時間わり書き＆朝準備書き
　　　　　（①黒板の日付を書き、時間わりを書く。②朝の準備について書く。帰り）

森本　32.宿題チェック　（うしろの黒板に書かれた宿題を忘れた人の名前を消し、紙に書く）

全員の人が気がついた時にできるといいこと

1. 電話がなったときにでる。
2. 放送、電話がなったら静かにする。
3. 落ちているものをひろう。
4. 友だちの食器を片づけてあげる。
5. 友だちがうれしいことをする。
6. よびかける。（3分前に、「もう少しで〜〜するよ」など。）
7. 「前にならへ」などをいって、早く並ばせる。など

一人一当番の仕事がない日もあります。その時はゴミ拾いをすることもあります。
休みの人の分は、ひしょさんが仕事を代わりに行います。

3．打ち立てよ！学級の大黒柱「当番活動」
（4）そうじ当番指導で大事なこと

①そうじ当番で大切なこと

　当番系は、全てそうであるが、クラスの子どもたちが全員ある程度の仕事をすることが大事だ。仕事の軽重がほとんど生まれないようにする。
　また、

> がんばったものが得をするシステムを作らないと、子どもはだんだんと崩れていく。

　楽をした方が得だと思うシステムだとそうじをしない子が増えていく。ゆえに、そうじを頑張った人を評価する。
　そうじを頑張った人は、少し早めに終わらせるなどの評価をするのもいい。（たまにである。）
　また、最も大切なことは、

> そうじを交代する期間を1週間交代にしないということである。1か月以上が望ましい。

　私は1か月半同じところをやらせている。
　班でここをそうじというふうに決めているからだ。
　他にも大切なことはある。それは、

> 誰がどこをするのか。何をするのかをくわしく決めていることである。

　そして、そうじが終われば何をするのかを明確にすることが大事である。後は、よく頑張っている子をほめ続けることが大事である。
　評価するのだ。評価の方法は子どもと共にするのがいい。
　「班で一番上手な人はだれですか。」
　「静かにもくもくと集中してそうじをしていた人はだれですか。」

「すみをそうじしていた人はだれですか。」
ときく。そうじが終わった後に、指名なし発表させる。子どもは友だちの評価がうれしくなってさらにがんばるようになる。

②どのようにそうじ当番をいれるか

　4月初めに、「そうじ当番を決めます。今まで、どのような当番をしていましたか」と聞く。
　するといろいろとでる。一通り、聞いた後、「いろいろなやり方があるね。どれもいいね。大切なことは、1組と2組が一緒のことをするのが大事です。とりあえず、そうじのやり方について、すごく詳しく話し合う時間はありませんので、山本先生のやり方で一か月ぐらいやりますね。」といって、私のやり方を紹介する。（以下のやり方）

③そうじ当番、決め方の具体例

　まず、そうじは班でやります。
　班でどこどこというふうにします。1班は、教室ほうきとかですね。今から、いいますからね。
　あっ、それと、班で1～5番というふうに、番号を決めておきましょうね。1番が班長です。2番は副班長。3～5番はとくにありません。これを決めておくと、体育の時に班で並ぶときも便利ですし、1番の人とりにきてねとかいうこともできますので、決めます。
　では、決まったら座ってください。じゃんけんなどで決めていいよ。（通常この番号決めは、席替えの時に新しく班が決まったら決める）
　では、決まりましたね。そうじの場所を伝えます。
　1班。教室ほうきです。1～5番全員です。1番はちりとりです。
　2班、教室ぞうきんです。1番はつくえふき。だれですか。山本くん

ですね。(そういいながら、そうじ当番のところに名前を書く。) 2番はイスふき。だれ。林君ですね。(どうように、書いていく。) 3番は、イスの足ふき、4番と5番は床です。ご飯粒などがおちていたりするのでふきます。それも終わったら、どこかをふきます。

3班は、〜〜とこのように決めていく。(すべての班を説明する。)

自分のそうじ場所が分かりますか。分かったらすわりなさい。分からない人はもう一度いいます。(分からない人に教えていく。)

では、そうじをがんばってね。

④仕事をしたかどうか、確認が大事

はじめてのそうじをさせる時、とにかくまじめにやっている子をほめる。静かにやっている子をほめていく。

人と離れた場所をやっている子もほめる。

先生がほめてうるさいぐらいである。そうやってそうじが終わったら、定期的に確認をしていくことが大切だ。

> **全員起立。**
> **今日、そうじをがんばった人、手をあげて。おー、えらいね。**
> **では、ほとんどしゃべらずにがんばった人?**
> **えっ、すごいね。100点だな。では、すわります。**
> **ちょっとしゃべっちゃったけど、次は、さらにがんばろうと思う人?**
> **えらいね。がんばってね、すわります。**

とやっていく。

この確認を1週間続けるだけで、かなり子どもはよくなる。

※なお、子どもが荒れているときは、たたせずに、よく頑張っている子を名前をあげてほめるだけでもいい。

2、3週間後ぐらいに、子どもとの信頼関係ができてから上記の技をいれるといい。

3．打ち立てよ！学級の大黒柱「当番活動」

（5）そうじ当番実物資料

パターン1
2年1組そうじ場所　　　　　　　　　（名前）　　　　（留意点）

				名前	留意点
1はん	4人	ほうき	4人		
2はん	4人	つくえふき	4人		
3はん	5人	つくえはこび	5人		
4はん	5人	ゆかぞうきん	5人		
5はん	4人	みがき①②	2人		※かべなどをみがく。
		ほうき③④	2人		
6はん	4人	つくえの足ふき①②	2人		
		イスの足ふき　③④	2人		
7はん	4人	3かいろうか　①②	2人		※時計をもっていき、32分になったら終わる。
		ろうかせいり　③	1人		
		ろうかぞうきん④	1人		
8はん	5人	2階ろうかほうき①	1人		※時計をもっていき、32分になったら終わる。
		2階ろうかほうき②	1人		
		2階ろうかほうき③	1人		
		2階ろうかほうき④	1人		
		2階西手洗い場⑤	1人		

※32分には教室にもどって、せいりせいとんをしましょう。
　そして、くばるものをくばってください。

パターン2

	そうじ場所		担当班
1	3階 西トイレ 女子2人 男子3人	女子2人 便器みがき　　　　　女子トイレ 男子2人 便器みがき　　　　　男子トイレ 男子1人 ぞうきん　　　　　　男子トイレ ※時計をもっていき、32分になったら終わる。 ※ぞうきんは、かべや便器のふたなどをふく。 ※スリッパや長靴は全員で整える。	1班 (5人)
2	3階 西トイレ 女子3人 男子2人	女子1人 ほうきと水流しと水切り　女子トイレ 女子1人 ぞうきん　　　　　　　女子トイレ 女子1人 3-1教室ほうき　　　　教室 男子1人 ほうきと水流しと水切り　男子トイレ 男子1人 手洗い場　　　　　　　男子トイレ	7班 (5人)
3	1階　4、6年生くつばことくつばこ周り ①ほうきとちりとり　②ほうき　　　③4年くつばこ ④6年くつばこ　　　⑤3-1教室ほうき ※時計をもっていき、32分になったら終わる。		3班 (5人)
4	教室「机イス」と「机イスの足」ぞうきん ①バケツ水用意と机　②イス　③机の足　④机の足　⑤イスの足		4班 (5人)

	そうじ場所	担当班
5	教室　ほうき ①ほうきとちりとり　②ほうき　③ほうき　④ほうき　⑤ほうき	5班 (5人)
6	教室　つくえ、イス運び、ロッカー中整理 ①運びと整理　②運びと整理　③運びと整理　④運びと整理　⑤運びと整理 ※1　机、イスは、1、3、5、7、2、4、6、8班の順番で戻す。 　　　そうしないとゴミをきれいにとれない。 ※2　ろうかのロッカーの中も整理する。	6班 (5人)
7	教室　ゆかぞうきん ①バケツ水用意とぞうきん　　②ぞうきん ③ぞうきん　　④ぞうきん　　⑤ぞうきん	2班 (5人)
8	ろうか　ほうきとぞうきん ①ほうきとちりとりと整理　②③ぞうきん　④空ぶきぞうきん　⑤教室ぞうきん	8班 (5人)

> 3．打ち立てよ！学級の大黒柱「当番活動」
> # （6）給食当番指導で大事なこと

①給食当番で大事なこと

　不平不満が生まれないことが大前提である。

> 給食のおかわりを公平にする。
> 当番活動がきちんと行われ、「あいつだけ楽だ」というような状況が生まれないようなシステムにする

のが大事である。

②どのように給食当番をいれるか

　4月初めに、今までどのような給食当番をしていたかを聞く。
　そして、「その方法もいいですね」と言う。その方法が自分にあった方法で使えるならばそれをそのまま採用したらいい。
　もし、使えそうになかったら、「みんなの前の方法をとりいれて、少し先生がやっていた方法に変えてみるね。もし、うまくあわなかったら1か月後に変えていこうね。」と言って変える。

③給食当番、決め方の具体例

　私は、次ページに載せるホワイトボードを使う。
　なぜか。持ち運びができるからだ。給食当番初期の時に役に立つ。
　途中で確認をできる。（特に低学年で発揮する。）
　なお、1年生ならば、これ以外にも、名前カードに当番の仕事の名前をつけたものを胸あたりにつけてあげるといい。仕事を忘れない。

さて、決め方である。

まず、背の順２列に並ばせる。

男１列。女１列だ。そして、名前マグネットを一人ずつもたせる。

だいたい同じぐらいの身長のほうが食器などはもちやすい。

なので、特に問題がなければ、隣の二人とペアにする。（２学期は、「１学期と違うペアで近くの身長の人と組みなさい」とする。）

その後に、ペアごとに１、２、１、２、１、２、と前から順番に言わせる。

「１番の人、すわりなさい。２番の人、少し右がわに移動しなさい」といって、２番の人を空いている場所に移動させる。（１番と重ならない場所に移動をさせる。）

「１番の人は、手をあげて、Ａ班です。」

「２番の人は、手をあげて、Ｂ班です。」

「では、Ａの人。このミニホワイトボードの右側に前から順番にはり

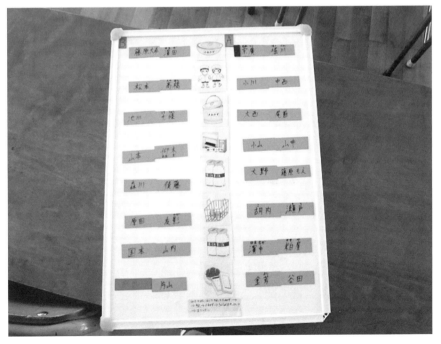

にきます。」といって、はらせていく。
　(図の写真の右側部分だけができあがるという感じだ。)
　同様にＢ班にもはらせる。
　そうしていくと図のような給食当番表ができあがる。
　そして、整列をさせて、仕事を覚えたら座らせる。
　次に、後ろ前、横の人の顔と名前を覚えられたら座らせる。
　その後に、一度席に戻らせて、もう一度並ばせる。覚えたかどうかの確認である。
　なお、給食当番の表は、仕事がわかればそれでいい。
　どのような形でも構わないと考える。
　私はこの方法が、作るのにも楽なので採用しているだけである。
　　(なぜ楽かというと、この当番表は持ち運びができるからである。また、当番の仕事の交代を、真ん中にある当番カードを一つ下にずらすだけですぐできるのがいい。)

④給食当番指導の大事なポイントは、仕事を長くさせる

　通常、１週間交代である。
　ＡとＢで交代をする。それはいい。
　しかし、問題は、仕事内容を１週間させただけで交代させてしまうというところである。
　これは、そうじもそうなのだが、すぐに変えると仕事がまだまだ分かっていない段階で変わるので、子どもたちが混乱をして、ぺちゃくちゃしゃべりはじめたり、配膳に時間がかかったりする。
　私はこれを、荒れるシステムを教師が作っていると言っている。

| 当番の仕事は、通常２週間以上させたいところである。 |

　だから私は、**給食当番に関しては、２回同じことをさせてから変えるようにしている。**

なお、このことは子どもにもきちんと説明する。
「こうしたほうがトラブルがなくなるし、仕事がスムーズにできますからね。これでいい人？」と確認をしている。

⑤時間を計ると子どもはがんばる目安がわかる

ほうっておくと子どもの仕事は遅くなる。
なるべくスムーズに行わせたい。

そのためにはタイムを計るのがいい。

はじめのうちに、スタートから、配膳まで何分かかるかを計ってみる。
どれくらいかかるのかを最初にみんなにみせてあげると、次はさらに早くしようと意欲を持って取り組むようになる。
大阪市の多くの配膳は、一階の給食室まで給食を取りに行って、上にあがって、配膳というパターンになる。
通常何も指導しなければ、15分ぐらいかかる。
着替えに3分。
取りに行ってもどるのに5分。
配膳に7分だ。
（1年生初期はもっとかかる。20分以上は考えておくといい。なので1年生は、通常授業中から取りに行く。）
タイムを計っていき、更新をするたびにほめていくと、10分ぐらいでできるようになってくる。
誉め言葉は、これだ。
「みんなが早く準備をしたので、給食をたべる時間が多くなって、休み時間も多くなるね。ありがとう。」
である。
快適な給食時間にしたい。

I　黄金の三日間から一カ月でクラスの土台部分をつみあげよう

⑥意外と大事な全体の流れ

　初期は、実物資料にある、給食初期指導の形をとるのが大事だ。
　意外と給食指導で混乱するのは、

> 給食当番と教師が給食を取りに行っている間に、トラブルが起こる

ということである。
　先生がいないところが危ないのである。
　当番でない子を確実に本読みをさせてからその間に行くようにするのが大事だ。
　また、当番でない子の手洗いを給食当番と同時に行かせたり、給食当番が給食を取りに行っている間に手を洗わせたりするのも危険である。
　なぜか。
　当番でない子の手洗いを給食当番と同時に行かせると、給食当番の手洗いが遅くなるし、混雑して、そこでトラブルが起こりやすい。
　給食当番が給食を取りに行っている間に手を洗わせすると先生がいない間に廊下をうろつくことになるので、これもまたトラブルが起こりやすい。
　手を洗いに行かせている間にトラブルが起こるのならば、手を洗に行かせるのを当番が戻ってからすればいいのだ。それまでは、本読みをしておけばよい。
　これは、一つのシステムであるが、大きい。
　このシステムによって、子どもがトラブルを起こしようがないからだ。
　（もちろん、好きな本を用意させる課題はのこるが、それは、工夫すればいい。）
　トラブルのない快適な給食時間にするためには、入念なシステムがいる。

3．打ち立てよ！学級の大黒柱「当番活動」

（7）給食当番実物資料

給食初期指導（10分前からゆっくりと確認をしながら行う。）

1・今までとやり方が違うかもしれませんが、先生のやり方でやります。
　まずはおためしで一週間ほどしてみます。その後変更は可能です。

2・全員本読み。

3・給食当番のみ立つ。

4・給食当番着替える。すばやく、手を洗い並ぶ。（ナフキンは後。）
5・他の人は戻ってくるまで本読み。

6・給食当番が戻ってきたら班の形にする。（当番の分は他の人が。）

7・給食当番が1〜6班の順で運ぶ。手を洗う、ナフキン用意は6〜1班。
8・配ったら、「頂きます」をする。
9・頂きますの後、へらしたり、増やしたりする。

10・おかわり（教師がしきる）

　　　　残っているものを教えてから、ほしいものを挙手させ、じゃんけんで決める。
11・10分前に席を戻す。
12・静かに食べる。残さないように集中して食べる。
13・2分前に残させる。（無理して完全に食べさせない。おかわりして、残した子には軽く注意。）
14・給食当番は前にでてくる。

15・ごちそうさまをするが、机はさげないという。

　すぐに休憩ではない。
　給食当番が全員でてから合図があってから、休憩になる。（そうじゃないと混雑する。）
　机をさげるのは、そうじの時間にさせている。
　（二つのメリットがある。すぐに休み時間にさせられるのと、休み時間に走り回るスペースをなく
　すことができる。）
　（しかしさげさせたかったら、給食当番でない子が全員の机椅子をさげてから、休み時間にさせる
　といい。なんにせよごちそうさまと同時にすぐに外に出る子がいて、当番とぶつかるのを防ぎたい。）

16・当番は、その食器の前にいく。（仕事の所在をあきらかにするため。）

17・ごちそうさま。
18・給食当番ろう下にでて、並ぶ。

19・当番じゃない人に休み時間にしていいよと声をかける。

　　（いずれ、給食当番の係の人に言わせる。）
20・休み時間

4．第二の柱!「朝、休み時間、終わりの会の流れ」
(1) 朝の流れで集中する環境をつくる

①ルーティーンをつくる

　我々大人は、朝起きた時に何をするだろうか。
　シャワーにいくか。歯磨きをするか。トイレにいくか。さまざまあるだろう。
　さまざまあるが決まったことをすると気持ちがいい。子どもも同じだ。

やっていくうちに、気持ちが切り替わっていくものである。それを利用しない手はない。

　学校に来てからも無理なく、学習をスタートできる環境を整えるため、私は以下の流れを子どもにさせている。

①教室に入る。
②あいさつをしながら入る。
③ランドセルを机におく。
④荷物を机の中にいれる。
⑤荷物をロッカーにいれる。
⑥宿題をだす。
⑦手紙をとる。
　（黒板前においてあるものを子どもがとっていく。）
⑧連絡帳を書く。※4月のうちは、1行だけでよしとする。
⑨本読みの本を机の上におく。
⑩朝の休み時間

　という流れである。

二つのポイントが自分の中では気に入っている。

一つ目は、「連絡帳を朝に書く」というのがみそである。

はっきりいって、書ききれないことが多いのだが、

> 「静かに書く」というのが組み込まれているので、朝からさわがしくなりにくい。落ち着いた雰囲気が生まれる。

また、本読みの本をおいてから遊びにいくので、戻ってきたらすぐに本読みにはいれる。

（4月の時は、帰ってから連絡帳の残りを書かせてから本読みにする。5月以降は、朝には、連絡帳が書き終わっているので、本読みのみ。）

これはシステムの力だが、こういうことが大事だと思っている。

なお、6月半ば以降になると、班全員が連絡帳を書けてないと、1時間目の休み時間に書かせるようにするときがある。

連絡帳が書けるまでは、その班だけ、自由にしないようにする。

だから、子どもたちは特に一生懸命、声をかけ合いながら、取り組むようになる。（荒れている学級の場合はこれはしない。9月以降にする。）

このように朝のルーティーンを決めておくのは大事である。

ただし、これはいきなり決めるのではない。

去年の朝の手順を確認した上で、昼休みに連絡帳を書くのがいいか、朝に連絡帳を書くほうがいいかを子どもたちに決めさせるのだ。

たいてい、子どもたちは昼に自由にしたいので、朝に連絡帳を書くのを選ぶ。

二つ目は、「手紙をとらせる」ということである。

手紙が多い場合だと、教師が配るのでは非常に時間をとる。朝から子どもに自主的にとらせておけば、その時間をうかすことができる。

だから、朝から教師が配るというシステムを私は基本とらない。

もちろん、手紙をとったかの声かけを当番はさせているし、私は、手紙の中の1枚の通信を子どもと一緒に読むので、そこで手紙をとり忘れた子は、とり忘れたことに気が付くようになっている。

I　黄金の三日間から一カ月でクラスの土台部分をつみあげよう

手紙とり忘れのシステムをつくっている。

さて、はじめはなれないものだが、1か月もすれば、朝は、早く休み時間にしたり、自由にしたりしたいのもあり、けっこう子どもはてきぱきと動くようになる。

※なお教務主任がやたらと遅く手紙を配ってくる学校ではできない。

②朝からは絶対に叱らない

朝から叱られたら気分が落ちる。

なので、朝から子どもを叱らないようにしている。

前日の放課後に悪いことをしていても、次の日、学校にきた瞬間にその子を呼ぶことはしない。

1時間目の終わりに呼んで、1時間目の休み時間に指導をするようにしている。

（その悪いことの内容による。盗みやいじめのようなものの場合は、別。すぐに確認をする。）

なぜそうするのか。それは、まわりの子どものためでもあるし、私自身のためでもあるし、その子どものためでもある。

朝から指導をされているのを周りの子どもはみていてもいい気がしないだろう。また、私自身も朝から子どもを叱ると気分が落ちる。

1時間目は楽しくやっていきたい。1時間目の授業を楽しく行い、その問題を起こした子をほめながら進めることでお互い気分良くなる。

その後での指導だから、その問題を起こした子は素直に指導をうけいれやすくなる。

私たち教師の叱る目的は、次にそのようなことを起こさないようにさせることである。

その子を懲らしめたり、泣かせたりするためにあるのではない。

このようなことから、最近は朝から子どもに叱る指導をするというこ

とは極めて少なくなっている。

　非常に快適に１日のスタートがきれるようになる。

③朝学習で勉強モードに切り替える

　朝の準備が終わって、休み時間になる。
　そしてチャイムがなれば教室に戻ってくる。
　その後、連絡帳の残りを書き、本読みを少々する。
　その後に、朝学習をさせる曜日がある。
　実物資料をご覧いただきたい。本当に少しずつやっている感じである。
　４月は、３分で終わるぐらい。
　６月は、５分。
　11月は７分ぐらい。
　１月ぐらいには10分ほどさせることもある。
　徐々に進化させるようにしている。
　学校によっては完全に固定されていてできない場合があるが、このように朝から活動をさせて目を覚まさせるようにしている。

4．第二の柱！「朝、休み時間、終わりの会の流れ」
（２）朝学習・準備の実物資料

朝準備・学習

目的　①「勉強をするぞ！」というやる気に切り替えるために行う。

　　　②１時間目からの勉強をスムーズにするために行う。

　　　③基本的な学習能力を高めるために行う。

がんばってほしいこと
①本気で、全力で学習を行う。
②友だちのやる気をもらって勉強すること。
　※しんどい時、風邪をひいている時は無理しないこと。

最終的になってほしいこと
①全力で自分を高めることが、当たり前の状態になる。
②ものすごい勉強量でもしんどくなく平然と行える状態になる。
③本気をだすことが気持ち良い、すがすがしい状態になる。

８時５分～８時２８分

①**ランドセル**を片付ける。

②**宿題**を後ろの班の置き場所におく。（忘れていたら黒板に書く。）

③**連絡帳**を書く。

④**１時間目の授業の準備**をする。（教科書、ノートをだす。）

⑤**朝学習の用意**をする。

⑥時間割通りに**教科書とノートを順番にし、入れる。**

⑦**休み時間**（できていない友だちに話しかけるなどしない。）

８時２８分～８時３０分　　朝学習２分前

①朝学に向けていい姿勢で座る。

朝学習目的　①「勉強するぞ！」という「やる気脳」に切りかえるため。
　　　　　　②1時間目からの勉強をスムーズに行うため。
　　　　　　③全ての基礎となる学習能力を高めるため。

4、5月の朝学習

8時30分～8時45分　　　朝学習　（火、水、金）

①**読書か漢字スキル**をする。（先生がいいます。）　**8時30分**

---

②**全力挨拶**をする。（先生がきてから）　**8時40分ぐらい**　10秒
　　立ちましょう（はい。）
　　起立。（はい。）
　　おはようございます。（おはようございます。）

③**クラス目標**をいう。　　　　　　　　　　　　　　10秒

④**健康チェック**をする。　　　　　　　　　　　　　40秒

⑤**暗唱練習**をする。2分ほど　　　　　　　　　　　 2分

⑥**全員暗唱**をする。
　　誰かが手をあげる。（みんなが手をあげる。）
　　いいですか。（はい。）
　　○○、さんはい。（3つ言う。）　　　　　　　　　　30秒

⑦**ほめ練習**します。（はい。）誰かが手をあげて、みんなが手をあげて。
　　　　　　　　　　　　　　　　　　　　　　　　　1分30秒

⑧朝学習を終わります。（はい。）　**8時45分**

※初期のころは、先生が仕切る。10回ほどしたら、子どもにやらせていく。

Ⅰ　黄金の三日間から一カ月でクラスの土台部分をつみあげよう

朝学習目的　①「勉強するぞ！」という「やる気脳」に切りかえるため。
　　　　　　②１時間目からの勉強をスムーズに行うため。
　　　　　　③全ての基礎となる学習能力を高めるため。

７月以降の朝学習

８時３０分～８時４５分　　　朝学習　（火、水、金）

１・くちびる体操	**８時３０分**	３０秒くらい　声がでたら…
２・全力あいさつ	**８時３１分**	１０秒
３・クラス目標をいう	さん、はい。	３０秒
４・健康チェック		９０秒
５・校歌を歌う		６０秒

６・班学をします　　**８時３３分**　　（月・木はなし。本読み）

※本気でやっていなければ、やり直しする。

①返事リレー　　～さん。～さん。～さん。　　　　１０秒

②暗唱×３　　　　　　　　　　　　　　　　　　６０秒

③かけ算九九×３　　　　　　　　　　　　　　　６０秒
　　○４の段２回練習。はい。（全員２回、練習後）（２～９の段から選ぶ。３つ練習）

④１０マス計算　か　３分間視写
　　×２～×１１。　２分間でできるところまで、スタート。　　２分
　　「２分です。答え合わせします。」班で言いあう。　　　　１分

⑤都道府県×３　　　　　　　　　　　　　　　　６０秒
　　○東北地方２回練習。はい。○そろえて。はい。（３つの地方を練習。）

⑥がんばること宣言　　　　　　　　　　　　　　３０秒
　　○「音読本気」「書く量を増やす」「人のために動く」「かたづけ」をがんばります。

⑦班学を終わります。　**８時４３分**

７・１時間目の用意　　　　　　　　　　　　　　　２０秒

８・連絡帳を書く。（まだの人は）

９・成長ファイルを読んでおく。　　　　　　　　　５０秒　**８時４５分**

※４年生以上で７月～１０月の間にこのレベル。無理せず、少しずつ上げていく。

4．第二の柱！「朝、休み時間、終わりの会の流れ」

（3）宿題の出し方

①宿題の出し方

　後ろのロッカーにカゴが置いてあるので、そこに宿題をいれるようにしている。

　プリントはカゴの中に、ノート系の宿題は、カゴの下か横に置かせている。なお、連絡帳もカゴの下に置かせている。

　もし、宿題を忘れたら、自分で後ろの黒板に名前を書く。（宿題を忘れた人が名前を書く場所がある。）そして、1時間目の休み時間に教師に報告しにいく。朝でもかまわない。

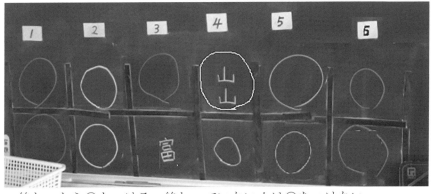

終わったら○をつける。終わっていない人は○をつけない。

I　黄金の三日間から一カ月でクラスの土台部分をつみあげよう

②宿題の種類とその量

　私はその地域に合わせているが、基本少なめにしている。
　多すぎたら負担だ。
　学力は、教室でつける。
　宿題は机の前に向かう習慣をつくるのにいいぐらいだ。
　「学年×１０分」でいいと考える。よい中学校にいこうとするならば「学年×２０分以上」と言われている。
　だいたい、いつも出しているのは以下だ。

月	火	水	木	金
漢字 作文 音読	音読 社か理プリント	漢字 作文 音読	漢字 計算プリント	漢字 作文 音読

　３つ以上出すことはほとんどない。
　しかもそんなに頭を使うというか難しいのは出さない。
　作文では、初期のころ子どもは頭を悩ますが。
　基本、先生への質問がこない宿題を出すようにしている。
　難しすぎる内容は、学校でする。
　宿題問題はけっこう大事で、家庭での「子どもと保護者のトラブル」の増減につながる。気をつけて宿題を出している。
　学力をつけているのならば、少しぐらい少なくても問題はない。

③宿題のチェックの仕方

　班長が後ろの宿題をチェックしている。
　その後、班長が背面黒板に〇か×か名前を書いているのでそれをみる。
　実物は、掃除の時間の最後に、出しているかの数をだいたい確認する。（たまにであるが。）

少ないなと思ったら、確認をする。

全体の場で立たせて、出ているノートの名前を呼び、呼ばれたらすわらせるという確認をときにする。

④宿題の丸付けやコメント

漢字などは、大きな丸を付けるぐらいである。漢字のテストの点数が高くない子は、念入りに見るようにする。

作文は、週に３回出しているが、基本は大きく丸で、週に１回はコメントを書くようにしている。

なお、作文はプリントに書かせている。そのほうが、かさばらずに、置いておけるし、その日のうちにチェックをしなくてすむからだ。

算数のプリントの宿題チェックは、算数の時間などに、２、３分で終わらせる。答えが１５ならば「１５」といって、子どもたちにも「１５」と復唱をさせる。

理科や、社会のプリントも同じように丸付けをする。

丸付けに時間がとられないようにしている。子どもとかかわる時間を増やす仕組みをつくることが大事である。

※ただ、勉強をわかるようにさせておかないと宿題の量が少ないとクレームがくることがあるので、気をつけていただければと思う。

⑤漢字の宿題

漢字スキルならば、「テストの問題ページ」をノートに３つほど書かせている。

漢字ドリルならば、テストの練習ページをプリントで作成しているので、それを多めに刷っておいて、させるようにしている。

⑥作文の宿題

　これは、テーマ作文というプリントを作っていて、それに書かせている。日記ノートに書かせたこともあった。月があがるごとに書かせる量を増やしていくようにしている。
　テーマは、「友達について」「お楽しみ会について」「自由」「最近うれしかったこと」「ねこについて」など、いろいろである。
　どうしても書けない場合は、教科書に載っている物語文や説明文を写してもいいように言っている。あるいは、作文のテーマを変えてもいいと言っている。

⑦社会、理科、算数の宿題

　これは、学校に印刷してよい問題集があるので、それをコピーしてさせている。しかし、あまり出していない。
　なお、計算スキルなどの教材は、授業中にさせるようにしている。

⑧音読の宿題

　教科書の物語文や説明文を読ませるようにしている。
　タイトルの横に○を１０個書かせている。
　一度読んだらその中を赤鉛筆でぬらすようにしている。「おうちの人に聞いてもらった場合は、青でぬりなさい」とか、「○の中に例えば、『母』マークをつけてもらうなどしなさい」と言っている。
　音読カードは出していない。出していないが「出してください」と言われる方には、その方だけに出すようにしている。

4．第二の柱！「朝、休み時間、終わりの会の流れ」

（4）宿題　教師用実物資料

宿題の出し方

①朝。後ろのロッカーの班のカゴのところにおく。きれいにならべる。

②宿題を忘れたとわかったら、背面黒板に名前を書き、すぐに朝から勉強を始める。

③班長もチェックをする。背面黒板に名前が書かれているかをみる。

宿題チェック

①掃除の時間終了間際か昼休みにチェックし、よびかける。係の子が。

②放課後に、宿題チェック係が用紙に忘れた人の名前を記入する。

宿題を忘れた子について

①基本、3時間目の休み時間ぐらいから教師が声をかけるようにする。

②ずっと忘れている人は、月1回はある、残りの日にたっぷりやらせる。

　※基本あまり居残りはさせない。
　　ただし、これをしておかないと、宿題を真面目にやっている子が得しないシステムになる。
　　だから、時には残りの日を設定し、普段宿題をしていない子はさせるようにしている。

> 4．第二の柱！「朝、休み時間、終わりの会の流れ」
> （5）休み時間の過ごし方をコーディネートする

①休み時間は重要

　授業は、チャイムがなったら即終わる。
　なり終わる前に終わるのが最高である。

理想は、チャイムがなる10秒前に終わるのがいい。

　そうするだけで子どもは気分がいい。こちらも気分がいい。
　教師が後もうちょっと教えたいは、教師の指導計画不足である。
　いさぎよくやめたほうが子どもにとってはいい。
　このようなことをするだけで、この先生は時間を守る先生だ。信頼できるというようになる。子どもは喜ぶ。

②1日に1時間もだれとも遊ばない時間は作らない

　子どもにとって大事なのは、どのように過ごすかである。
　友だちがいないとさみしい。
　本読みをするのもたまにはあるかもしれないが、休み時間の過ごし方でずっとそうしているのは問題だ。教師は見極めないといけない。
　考える必要がある。
　私は、必ず1日は休み時間に友だちと遊べるように、みんな遊びか班遊びをしている。
　そのやり方については、詳しく他の章で述べるが、

1日も遊ばない時間がないようにしくみを作るのである。

　もし、子どもが1時間も遊ばないような日があれば、教師の指導が足りない。

教師が一緒に遊ぶ。「〜〜さんをさそってみて。」と子どもにお願いするなどいろいろな手法があるはずだ。

低学年の子は、特に自分から声をかけるのが苦手な子がいる。高学年ならば、今までの学年、ずっとそうしている可能性がある。

なんとかするのが我々教師の仕事である。

③雨の日の過ごし方をコーディネートする

雨の日などで運動場が使えない時は、子どものフラストレーションがたまる。

「雨の日グッズ」の充実は極めて重要だ。

> トランプ。ジェンガ。将棋。動物将棋。ウノ。100均の的あてゲーム。100均のゲーム。雨の日のみOKのスポーツ漫画、百人一首漫画などをたくさん用意するといい。

1校目で、崩壊している学級をもった先輩教師は、ドラマやお笑い番組などをみせていた。そうしないと必ずといって、休み時間にトラブルが起こるのだそうだ。

最善の方法とはいえない。いえないが、子ども同士がケンカをするよりかは、はるかにましである。崩壊している場合ならば、「ある意味ではあり」と私は当時、そう思ってみていた。

とにかく、子どもにトラブルを起こさせない。楽しいことを提供することが大事である。

授業中に動きをよくしたり、道徳的な話しをしたりして子どもの動きをよくしていくことは大切だ。

しかし、荒れている時の始めのうちはそんなことを教えられても、簡単には入らない。

> 初期段階では子どものトラブルをそもそも激減させるシステムを構築することが大事

である。
　教師の腕一つでトラブルを減らせるのだ。こんなに楽なことはない。
　雨の日休み時間の過ごし方システムを真剣に考えて頂きたい。

4．第二の柱！「朝、休み時間、終わりの会の流れ」
（6）終わりの会の流れ

①終わりの会は、うれしいで終わるのがいい

段階1　4月はじめ

　4月はじめは、本当にあっという間に終わらせている。

> ①帰る準備
> ②今日良かった人などを教師が発表。みんなをほめて終わる。
> ③さよならのあいさつ

　4月当初は、帰る準備に5分以上かかることがある。
　これぐらい何もないほうがいい。子どもも教師も快適だ。

段階2　4月半ばから

　基本は以下の流れである。

> ①帰る用意
> ②指名なし1日感想をいわせる。
> ③さよなら

　この指名なし発表の時や、帰る準備の時に指導を少しいれる。
　帰る準備の練習をはやくさせたりする。時間をはかる。「今日は、何分でいける？」などをきく。これを早くさせて、「早く動くと嬉しいね。」を浸透させていく。
　指名なし発表も毎日させて、うまくさせる。初期はいいが、2学期以

降は同じ内容を言わせないようにする。また、1文から2文、2文から3文と感想を増やしていく。

段階3　6月以降

6月以降からその時の私の気持ちでいろいろと変わっていく。
真ん中の手立てが変わる。

①帰る用意
②「よいところ発表」か「ほめことばのシャワー班バージョン」
③さよなら

よいところ発表とは、クラスで頑張っている人の名前をいって、何をがんばっていたかをいうものだ。
「ほめことばのシャワー」は菊池省三氏の指導法で、一人を主役にしてほめていく方法だ。初期は時間がかかるので班でやらせることが多い。
指名なし経験をたくさんさせることを重視している。

②終わりの会のポイント

いずれにせよ、長くしないようにしている。
10分の内の7分ぐらいで終わらせている。
昔、早くしすぎて隣の先生に「もう少し長くやって」と言われ、この流れに落ち着いている。
終わりの会で大事なことは

早く終わる。
反省会のようなマイナス的な指導をいれない。

というのが大事である。
いいことを言って終わるのがいい。
クラス曲を歌って終わるパターンもある。その時代によって、いろいろと試している。

Ⅰ　黄金の三日間から一カ月でクラスの土台部分をつみあげよう

4．第二の柱！「朝、休み時間、終わりの会の流れ」
（7）終わりの会流れ　実物資料

終わりの会

パターン1　　先生がいうとき	
①帰る用意	2分
②さようならの挨拶	10秒

パターン2　　いいこと紹介　　月曜日	
①帰る用意	2分
②班内で今日がんばった友だち発表。	1分
③指名なしいい所発表。	5分
④さようならの挨拶	10秒

パターン3　　クラス曲開始後　　火曜日〜金曜日	
①帰る用意	2分
②班内で今日がんばった友だち発表。	1分
③クラス曲	6分
④さようならの挨拶	10秒

Ⅱ　学級経営手立てを使いこなし クラスの絆をパワーアップ

1. 学級経営手立て、年間指導計画実物資料集

山本学級、学級経営向上方策具体案2018

1 学期

4月 1週	黄金の三日システム作り		+言葉、一言葉	クラスをどうしたいか	十二支等	
	ゲーム	ソーシャルカルタ				
4月 2週	人付き合い指導15 &成長ファイル	感動道徳 こだま暗唱	あいさつ勝負 1〜5年	みんな、班遊び	書き方連絡帳キレイ ハッピーレター7	
4月 3週	信頼貯金	ほめ勝負	給食着がえ 早い方法考える	整理完璧から帰る日	心身即応	
4月 4週	友づきあい指導 (ーを話題にするな)	あふれさせたい言葉 (ありがとう等)	テーマ作文	お楽しみ会	一筆箋全員	
5月 1週	3日ほどしかない。 はきもの 暗唱	体育 ミラーゲーム	朝班学開始 お楽しみ会2			家庭訪問
5月 2週	WIN WIN	やり直すと早くなるの話	連絡帳 きれいチェック	五色		
5月 3週	会社活動	席替え	感動道徳2	宿題きれい コメント		ひきしめ
5月 4週	動いている人 表彰！	お楽しみ会3	給食スピードアップ 安心領域	クラス曲 選曲	ありがとう の数増やし	体力テスト 一筆箋全員
6月 1週	クラス曲討議	してもらっていること 確認	表現暗唱 開始7月でも	一人に言って 広まるかためす	Q−U 一人ぼっち調査	
6月 2週	広げる言葉	スピーチ検定 感動道徳3	お楽しみ会話し合い	クラス曲開始		
6月 3週	いいこと確認表	本気指導開始（8割。つめない。） 高速音読指導も開始			プール開始	
6月 4週	体とめ 3分	お楽しみ会4		賞状15人		
7月 1週	動いている人表彰！	感動道徳4	リーダーの 動きを教える	あいさつ 名前付き 表現暗唱		
7月 2週	会社活動評価	五色高速に	ほめシャワー	表現暗唱		
7月 3週	1〜3限パーティー（お楽しみ会）			Q−U ありがとう		

焦って指導をしない。4、5月はつめこみすぎ。学級にあわせて指導する。1年は長い。7月は空いているのでゆっくりといこう。

2 学期

9月 1週	1学期の確認	感動道徳5	ほめクラブ向上	目標に具体の数		学級取り戻し期間
2週	動いている人表彰！	しんどい時こそ＋	休みの人に色紙	運動会練習中		
3週	感動道徳6	＋を増やそう	黒板＋メッセージ			
4週	お楽しみ会	教師が感謝の気持ち	チームゲーム	Q－U 一筆箋全員		
10月 1週	感動道徳7	同調授業	一言あいさつ	一人ぼっちの子調査 ハガキ全員に		自主力アップ期間
2週	よくする委員会	ひきしめ	チームゲーム			
3週	モラルジレンマ	自由体育	ハッピーレター増加させる			
4週	お楽しみ会	よい書き広げ	ゲーム多めに	よくする委員会であいさつ隊？そろえ隊？		
11月 1週	感動道徳8	スピーチ検定2	ハロウィンパーティー			自主力アップ期間
2週	クラス企画	ふれあい囲碁				
3週				Q－U		
4週	お楽しみ会			賞状15人		
12月 1週	感動道徳9	班遊び10回チャレンジ				自主力アップ期間
2週	リーダー経験					
3週						
4週	クリスマスパーティー（1～3限）			ありがとう		

３　学　期

1月 1週	年始			学級取り戻し期間
2週	感動道徳10	2人3脚（大縄）		
3週	チームゲーム	ひきしめ		
4週	教師が感謝の気持ち	お楽しみ会	一筆箋全員	
2月 1週	ひきしめ	リーダー経験全員		自主力アップ期間
2週	感動道徳１１		Q－U	
3週	来年度のクラスもよくするために何をするか。			
4週	お楽しみ会		一筆箋全員	
3月 1週	感動道徳１２			来年度準備期間
2週	最後のひきしめ			
3週		Q－U	手紙全員	
4週	クラスファイナルパーティー（1～4限）		ありがとう	

大事なことは無理をしない。あせらないということ。できないのが１割、２割あっていい。むしろ、その方が柔軟性がでる。

２０１８年１２月１日　教師１６年目　現在
最終更新

2. 学級経営手立ての使い方
（１）単発でも効果はある

①単発でも効果はあるものはどんどん使ってほしい

　例えば、ハッピーレター。
　例えば、よいところ発表。
　例えば、ソーシャルスキルかるた。
　この手立ては基本「ある程度の仲のよさ」の時ならばうまくいく。
　子どもたちに、人をほめるよさ、ほめられるよさを味わわせることができる。
　学級経営年間指導計画の１学期の前半の物は基本、単発でいれていって、うまくいくものが多いのでどんどん使ってほしい。

②単発でやらないほうがいいものもあるが・・・

　ただ、単発でやらないほうが無難なものもある。
　例えば、クラス曲。
　これは、学級がけっこう仲がよくないとうまくいきにくい。また、指導をするときに、子どもたちに「がんがん歌え」とやらないほうがいいなどの指導上の留意点が多い。

学級経営年間指導計画の６月以降のものは子どもの状況がよいときをねらって使って頂ければと思う。

　しかし、教員経験年数が少ない時は、「子どもの状況を考えて使って」といっても、なかなかわかりにくいものである。じゃあ、１学期後半以外のものは使用しないほうがいいのか。
　そんなことはない。失敗をしてもやったほうがいい。

失敗したなと思ったら、その失敗を分析をしたらいいのだ。
経験して、わかることがある。

2. 学級経営手立ての使い方
（2）土、水、空気、栄養、環境を考慮せよ

同じ手立てをうっているはずなのに、うまくいかない時がある。
なぜか。

①その時の学級の仲の良さ度
　　（子ども同士の仲の良さ）
②「先生のいうことならやるか」という、教師への信頼度
　　（よく、信頼関係が大事と言うのは、これのこと。）
③その時の子どもたちのストレス度
　　（マイナス言葉が多かったり、いじめの予兆があったりするとストレスがたまる。その教師の授業が面白くなくてもストレスはたまる。）
④その時の子どもたちのやる気度
　　（学期初めはやる気がある。運動会終わりの時期に少しやる気がおちる。マンネリになる。）
⑤教師自身の情熱と明るさとその実践への確かな信頼度
⑥その学級経営手立てを実行した回数

　手立ての成否にこの6つが関係するからだ。
　学級経営手立ては、栄養剤だ。
　子どもたちは花。
　水は仲良し度。空気はストレス度。土はその教師への信頼関係。環境は子どもたちのやる気と考えてみる。
　栄養剤は、花が成長するのに役立つものだ。

しかし、やりすぎるといけない。

しかし、与えないのももったいない。効果的にあげたほうが花は成長するに決まっている。

効果的のラインが難しい。毎日ではやりすぎだ。

3日に一度、1週間に一度くらいだと思う。

また、一度にあげられる栄養剤は、3種類ぐらいまでだ。

また、ある成長剤は一定の大きさにならないとあげられない。「薬が強すぎて逆に弱くなってしまう。」という感じである。

だから、効果的に、学級経営手立てを使ってほしい。

大事なことは、とにかく使ってほしいということだ。
使わないで何もしないよりかは、効果があるはずだ。

そして、上のことを意識して、なんでもよくばってやりすぎないこともお勧めする。

私もある学級経営手立ては、使わない時がある。

例えば、6年生で忙しそうな時、学級が去年崩壊していた場合などは、使わない手立てがたくさんある。

例えばクラス曲。例えば、大縄である。

教師自身のその実践に対する乗り気度もある。

自分なりに使ってみて、その効果をためして頂ければと思う。

2. 学級経営手立ての使い方
（3）よくある失敗5

具体的にどういうことをすれば成功するのか。

どういうことをすれば失敗するのか。紹介する。

①一気にいれすぎる。
②順番を無視しすぎる。

> ③教師が早く効果を求めすぎる。
> ④一つの手立てで 100％を求める。
> ⑤手立てを完全だと信じ、個別の指導をいれない。

の５つがすぐに思い浮かぶ。

①一気にいれすぎる

　どうしても早く使ってみたい、子どもをよくしたいと思う方がいらっしゃって、（自分がそうだった）一気に指導を５つ以上いれてしまうなどをしてしまう。
　それはいれすぎである。栄養剤の与えすぎと同じである。
　そうすると花は逆に枯れてしまう。
　学級経営手立て年間計画がある。
　あの年間指導計画実物資料は、一応、５年以上かけて私にあった方法をとりいれている。

> はじめて使う方は、ほぼあの順番通りに、私よりも時間をかけて使って頂ければと思う。

　それで、使いすぎということはさけられると思う。
　１年で全部使おうとせずに使って頂ければと思う。半分でもいいと思う。

②順番を無視する

　順番を無視すると、効果がかなりうすくなる。
　あるいは、反発をくらうこともあるかと思う。
　例えば、二人三脚。これは、肩などの接触がある。
　だから、クラスの状態がよくなければ必ず嫌がる子が出て「こんなんしたないし」となる。

二人三脚までに、ふれあいあいさつなどの数秒のふれあいになれた状態を作っているから成功するのである。

> 　学級経営手立ての順番は、
> ①子どもの状態を少しずつよくしていく。
> ②少しずつ求めることが高くなるように考えられている。

だから、1か月ぐらいの順番の入れ替えはあってもいいが、学期を超えた入れ替えはしないほうが無難である。まず失敗する。

③教師が早く効果を求めすぎる

　一つ一つを気長にやっていこうとするのがいい。
　早く結果を求めすぎると子どもも教師もしんどくなる。
　ハッピーレターも4、5枚もらった程度では変わらない子もいる。
　20枚、30枚もらって「自分も人から認められるのだ」と意識する子もいる。
　のんびりとしかし忘れずに、学級経営手立てを実践をすることが大切である。

④一つの手立てで100％を求める

　WIN×WINの授業をしたから、すぐに子どもたちみんなが「WIN×WINをしよう」と思うことはまずない。
　私は、基本5人が変わればいいと思ってやっている。
　その5人からじわじわと変えていくようにしようとしている。
　「考え方を変える手立て」は、とくに100％を求めない。いいことをしようかなと思ってもらうには、

> 「プラス言葉、マイナス言葉」で、数人よくする。
> 「信頼貯金」で、さらに数人よくする。

> 「ハッピーレター」で、さらに数人よくする。
> 「WIN×WIN」で、より数人をよくする。
> 「プラス言葉ランキング」で、まあまあの人数をよくする。
> 「ありがとうの授業」で、さらに数人よくする。

というような感じで、複数の学級経営手立てで80％ぐらいの人をよくしようと思うことが大事だと思っている。

そうしないと、これもまた教師が求めすぎて、子どももしんどくなる。

⑤手立てを完全だと信じ、個別の指導をいれない

完全な手立てなどない。

子どもなので、エラーもする。

それをどうフォローするかが教師の腕のみせどころである。

ほめ勝負をする。

必ず、ほめ方がわからない子がいる。そのときに近くにいって「くつしたきれいだねと言ったらいいよ。」などのアドバイスをするようにする。

場面緘黙の子がいたら、3人組でさせ、その子には「ほめられたら、うなずいてね」というようにすればいいのである。それもできないならば、「聞いておいてね」だけでもいい。そもそもしない選択もありだ。

その子に合わせた工夫や個別の指導が、その実践を効果的に発揮させるのに欠かせない。

2．学級経営手立ての使い方
（4）究極は自治！自治への道とその考え

学級経営手立て年間計画は、以下の5つを意識している。

> ①仲がよくなる手立てをいれてある。
> ②プラス言葉が増える手立てをいれてある。
> ③協力するのが多くなる手立てをいれてある。
> ④討論ができる手立てを多くいれてある。
> ⑤自分達で仕切るスキルを上げる手立てを多くいれてある。

　この５つを１年間で身につけさせてほしい。

　なぜ、この５つか。

　それは、私が考える最高のクラスというのは、「先生が指示をだして、ビシバシと動く」ということではない。（もちろんその時期は通過する。）

子どもたちが自分たちで、企画運営などをしていい状態をつくることにある。

　河村茂雄氏の学級集団成立の５段階表で自治的集団完成期が最高の段階になっていることから考えるようになった

1	混沌、緊張期
2	小集団形成期
3	中集団形成期
4	全体集団成立期
5	自治的集団完成期

　まあ、たしかに校長先生にずっと動かされている状態がいい教員だとはとても思えない。

　子どもも同じである。

　しかし、この順番でよくなっていくのは間違いない。

　ゆえに、これをもとに、学級経営手立ては配列されてある。

　自治になると教師の出番は少ない。

　ゆえに、３学期はほとんど手立てをいれないようにしている。

　学級経営手立てを使うとクラスがよくなり、子どもの幸せ度が高まる。Q-Uでも満足群、８割以上が当たり前になってくる。

　使わない手はない。子どもの幸せを追い求めていきたい。

3．楽しいクラスづくり速効スキル（1）
信頼貯金

1. ねらい

①やさしい行動をすると自分に返ってくることを伝える。
②いい行動がふえる土台をつくる。

2. 指導手順

前提条件
①4月半ばぐらいに行う。
②事前にプラス行動、マイナス行動の授業をしておいたほうがいい。

1時間目
①授業をする。（道徳か学級会）

> A子「先生、すみません。友だちをこかしてしまいました。」
> 先生「わざとじゃないんでしょ。何があったの？」
> B子「先生、すみません。友だちをこかしてしまいました。」
> 先生。みんなでよんで。はい。（詳しく話してみなさい！！）
> **先生の態度がちがいます。差別しているのでしょうか。**
> 差別だ。差別ではない。
> A子さん。あいさつ。黒い字をよんで。
> 　（落ちているごみをサッとひろう）（掃除も一生懸命）
> 　（話をきちんときく）（一人の子に声をかけて遊んでいる）
> どんな子ですか。（いい子です。）
> B男くん。はい。

（元気がいい。）（悪口をよくいう。）（忘れ物20回連続。）
（ろうかをいつも走る。）（友だちいじめ。）
どんな子ですか。
（やんちゃ、悪い子）

差別している？　差別とはいえない。

私たちは、目に見えないある貯金をもっています。
なんだと思います。（信頼）
そう信頼貯金なんですね。いってごらん。（信頼貯金）
A子さんの信頼貯金をみてみましょう。値段をいって。
あいさつ。（500円）
落ちているごみをサッとひろう。（1500円）
そうじも一生懸命。（3000円）
話をきちんときく。（5000円）
一人の子に声をかけて遊んでいる。（7000円）
だれのことを考えた良い行動すると、たまるの？（よい行動）

相手のことを考えた行動をすると、信頼貯金がたまる。

A子さんの信頼貯金

良いこと	悪いこと	信頼貯金
あいさつ		500
落ちているごみをサッとひろう		1500
そうじも一生懸命		3000
話をきちんときく		5000
一人の子に声をかけて遊んでいる		7000

B男くんの信頼貯金をみてみましょう。
元気がいい。500円。
悪口をよくいう。（100円）

忘れ物20回連続（0円）
廊下をいつも走る。（－500円）
友だちいじめ（－2000円）
どんな行動をすると信頼貯金がへるの？（悪い行動）
信頼貯金の額で周りの人の反応は変わります。
「ゲームをかしてください。」と二人がいいました。
A子さんとB男くん、どちらにかしたい？（A子さんです。）
なんですか？（B男くんにはとられそうだから。）
そうですね。その可能性があると思っちゃう。
A子さんがピンポンダッシュしたらしいよ。感想を。（うそだと思った。）
信頼が高いと疑われないのですね。
B男くんがピンポンダッシュしたらしいよ。感想を。（やっぱりか。）
信頼が低いと疑われるのですね。

信頼貯金、低い方がいい？　高い方がいい？

どうすれば増えるの？（相手のことを考えた良い行動をする。）
でも、本当に良い行動をしたらいいの？
実験をした大学があります。大阪大学です。
赤いところをみんなで。はい。
　（情けは人の為ならずを科学的に実証）
AさんとCさんがいます。
Aさんがボタンとめるね。いいことをしています。
それをみた、Bさんが、Aさんに何をしていますか？
　（ものをかしてあげている。）
そうなんですね。
そして、Bさんは普段からAさんに親切にするようになりました。
もちろん、Cさんからも親切をうけます。
恩返ししたくなりますよね。
親切にすると、親切な行動などが〇倍も返ってくるという研究結果が

でたのです。何倍くらいだと思います。(3倍)
3倍でたらいいですよね。これは、12倍なのです。
「人は、親切な人に親切したくなる」これが証明されたのです。

親切にすると、親切な行動などが
■倍も返ってくるという研究結果。

今日から何をしていきたいですか。(親切にしたい。)
いいですねえ。具体的には何をします？
(くつをそろえる。)(あいさつをする。)
よい発言、よい行動をすると信頼が広がります。
相手のことを考えて動き、よいクラスにしていきましょう。

※終わった後は、必ず周りと感想をいわせ、全体で発表をさせる。
※できたら、信頼貯金についての掲示物をつくる。
　すると、子どもがよい行動をしたときに、信頼貯金が増えたね。いいねと言う。
※この授業を行うと、子どもがよい行動をするようになる。
　大事なのはそれを広め、紹介しないといけない。
　授業は火をつけたにすぎない。
　はじめは小さい火だ。それを全体でほめたり、個別にほめたり、通信で紹介したりするから、大きな火になって、ブームになっていく。

2時間目以降

　授業で何かを行うことはないが、とにかく以下の行動で信頼行動（やさしい行動を増やす）

　①いい行動をした人を全体でほめる。

　　（学年や子どもによって、名前をださないでほめる場合あり）

　　朝の時間や終わりの時間に定期的にほめるようにするといい。

　②通信でよい行動をした人を紹介する。

　③テーマ作文などで「信頼貯金が多い人」というテーマで書かせる。

　④作文に書いている子の中で、いいものを紹介する。あるいは、通信で紹介する。

　⑤いい行動を見つけた瞬間、ぽそっと、「今のは信頼貯金がたまったね。」という。

　このような手立てで、信頼行動がふえるようにしていく。

3. この実践をして思うこと

①プラスの行動がすごく増えていく。

　プラスの行動、信頼を増やす行動があふれてくる。特に初日、2日間に。一人が2、3回増やせば、クラスで40以上プラスの行動が行われる。クラスがよくなっていきやすい。

　クラスをよくするにはマイナス行動を減らすことも必要だが、プラス行動を増やすことの方が大事だ。早くよくなっていく。

　人はよいことにせよ、悪いことにせよ、何もしないことにせよ、マネをする生き物であると考えている。だから、よいことをマネする雰囲気を作れば、クラスはとてもよくなっていくんだよと、子どもにも言っている。

②教師がやっきになって、やれやれと言わない。

　全員にいいことをさせようと思うと厳しくなってしまうし、やらされ

感があり、よくない。頑張っている子をほめて伸ばすのがいい。

　何が信頼行動かはわからない子もいる。ほかの子がやりはじめるまではほうっておいたらいいのだ。徐々にほかの子のよい行動をピックアップして、紹介していくとするようになる場合が多い。

　気長に指導をするのがポイントである。

3．楽しいクラスづくり速効スキル（2）

プラス言葉、マイナス言葉指導

1. ねらい

①子どもが「プラスの言葉っていいな」と思うようにさせる。
②子どもが「マイナス言葉はあかんな」と思うようにさせる。
③言葉には、力があって、楽しくも悲しくもさせるということを知る。

2. 指導手順

前提条件
①教師がプラス言葉をよく言い、マイナス言葉を普段から言っていない。
②教師が一番プラス言葉を言っているか、これから言うつもりがある。

1時間目
①授業をする。（道徳か学級会）

> ①プラス言葉、マイナス言葉とは何かを説明する。
> 　（プラス言葉は言われてうれしい言葉。マイナス言葉は言われて嫌な言葉です。）
> ②具体的にどんな言葉があるか、プラス言葉は？

（いいね。ナイス。すばらしい。天才など）
　黒板の左側に、プラス言葉を縦書きに書かせていく。
③具体的に、マイナス言葉はどんな言葉がある？
　　（バカ、アホなど）
　黒板の右側にマイナス言葉を書かせる。
④どちらとも実際に言ってみさせる。
　まず、プラス言葉を10回は言わせる。
⑤プラス言葉を言ったらどんな気持ちがするかをきく。
　　（「気持ちがいい」と答える。）
⑥マイナス言葉を床に向かって言わせる。言った感想をきく。
　　（「いやな気持ち」と通常答える。）
⑦どちらの言葉が多いクラスの方がいいかをきく。
　　（プラス言葉が多いとなる。）
　※伏せてから手をあげさせてもいい。
⑧みるだけでも違うんだよ。プラス言葉の文字だけをみさせる。
　　（マイナス言葉の方に教師が立ち、かくす。）

```
＋言葉
ありがとう　ナイス
いいね　かっこいい
かわいい　天才
やさしいね　グッド
上手　よくできたね
美人だね　イケメンだね
かしこいね　すごいね
一番だね　はやいね
よくできるね　とてもいい
すごすぎるね　きれいだね
がんばりやさん　うれしい
```

＋言葉は見ているだけでも、
気持ちがいい。
言う人も聞く人も
気分がいい。

⑨マイナス言葉だけの文字をみさせる。どう？
　　（気分が悪い）
　落書きをみているのと同じだね。落書きをみていると自分のことが

書かれていなくても気分が悪いんだね。
⑩「再度聞きます。プラス言葉が多くがいい人。マイナス言葉を多くがいい人。」と減らしてみる決意を挙手で確認をする。
⑪「すぐにできるかな？」ふつうは難しいね。練習をしてみよう。
　　隣の人をほめてみよう。
　「練習で5回ほめたら座ってみて。」と言う。
⑫「ほめられて、どうだった。なんか、笑っている人が多かったけど。これが、悪口だったらどうなると思う？　いやだよね。このクラスに、どんどん、プラス言葉を増やしていきましょうね。」と言う。
⑬授業の感想を隣の人に言いなさい。
⑭指名なしで発表しなさい。
　プラス言葉をたくさんふやしたいと思いました。などがでる。

次の時間

　次の時間のはじめに、「プラス言葉を言ってみた人。えらいね。マイナス言葉を言っていない人？　さらにえらいね。」と言う。

その後・・・

①プラス言葉を言っているときに、ほめるを繰り返す。
②たまにプラス言葉を言っている？　マイナス言葉を減らせた？　と聞く。

3. この実践を行うとどうなるか

　クラスがプラス言葉であふれるようになる。また表立ったマイナス言葉を言う子が減っていく。
　この指導は、学級の根幹を支える実践である。クラスの中でのマイナス言葉をほうっておいては、クラスはどんどん悪くなっている。この実

践は、多くの教師が似た形で行っている。ちくちく言葉はなくそう。ふわふわ言葉を増やそうというような形で行われている

　必ずしなければいけない指導の一つである。

　この指導を行うことで、いいことを言おうという雰囲気がクラスに包まれる。承認文化を作る一手立てである。

3．楽しいクラスづくり速効スキル（3）
人付き合いマナー15

1．ねらい

①子ども同士のトラブルを減らすため。
②人付き合いにはマナーがあることを教える。
③マナーを破るからトラブルが起こることを教える。

2．指導手順

前提条件
①とくになし。
②4月の1週目か2週目に教える。

1時間目
①趣意説明をする。
　世の中の大多数の人はトラブルなく、平和にすごしたいと願っています。なぜ、トラブルやケンカが起こるのでしょうか。
　それは、いろいろなマナーやルールをやぶるから起こります。順番ぬかしをしたらケンカ起こりますよね。当たり前です。

ルール破りは、すぐにケンカが起こります。

> でも、ルールほどではないですが、マナーを破ると人から嫌われます。

それを10回以上繰り返すとみんなからさけられてしまいます。

先生は学校の先生を長くやっているので、どういうことをしたら、ケンカになるか、人から嫌われていくかがわかってきました。紹介しますね。

（5年目までの先生は、「ベテランの先生に教えてもらいました」と言えばいい。）

②人付き合いマナー15を渡す。

（A4の紙に印刷した人付き合いマナーの紙を渡す。）

③確認。

太い字を追い読みしますよ。

（そういって全てを追い読みさせる。）

（太い字を読ませたら、かっこの中を教師が読み、解説をする。）

（すべて解説するが、だらっとした雰囲気になったら、半分はまた今度の機会にする。）

④習熟

書いていることを全部読みます。1回読んだらすわりなさい。

（全部読ませる。）

自分ができているのは、どれですか。番号の左側に〇をしなさい。

隣の人に自分は何ができて、次から何をがんばるかを話し合いなさい。

（「ぼくは大きな声でつい注意をしているので気をつけます。」など）

指名なしで発表しなさい。

（発表した子をほめる。できていないことを言った子には、そういうふうに自分ができていないことがわかる子は成長できる、えらい。そして、自分の弱点を言えるなんてかっこいい、必ず成長できるなとほめる。）

2時間目
①音読をさせる。
②かっこの中の意味を説明していないところは読ます。
③自分ができたこと、できなかったことを話させる。

その後・・・
①道徳授業のはじめの２、３分はこれを音読させることからはじめる。
②たまに、テーマ作文のテーマで「人付き合いマナーについて」や「人付き合いマナーを守れている人」などのテーマをださせる。
　そのことについての作文を書くと、かなり意識することができる。

3. この実践について思うこと

　クラスの中でマイナスの行動をする子が激減する。結局は、

> 子どもというのは、知らずに失礼なことをしていて、それがもとでトラブルが起こっていることがほとんどであると思う。

　もちろん、喧嘩やトラブルが起きながら、そうしないように学んでいくのである。
　しかし、発達障害の子はそれがわからない。残念ながら発達障害を持っている子がこのことをわからずに、やってしまい、友だちから嫌われていることは多いように思う。（私自身がそうだったから。）
　教えてあげることによって、かなりのトラブルが減る。使わない手はないと思う。
　もちろん、これを使ってもトラブルは起きる。しかし、何名かの子がこの人付き合いマナーを破っているからこういうことが起きるのだという原因がわかってくれればそれでいいと思う。
　2学期になれば、かなりトラブルは起こらなくなっていく。

友だちが増える！ 人付き合いのマナー

①**こそこそ話をしない**（いいことを言っていても感じが悪いと受け止められることが多い。）

②**机、イスをはなさない**（嫌っているのかと間違われる。通路が狭くなり人が通りにくい。）

③**手紙のやりとりをしない**（仲間に入れない子がさみしい。感じが悪い空気が流れる。）

④**人に注意はあまりしない。するとしてもやさしく小さな声でする**

（人は、よく注意する人をきらいになりやすい。特に大きな声で言うとケンカになりやすい。）

⑤**マイナス言葉はとにかく使わない。プラス言葉をたくさん言おう**

（空気が重くなる。マイナス言葉を使えば使うほど、友だちがへっていく。聞いていてうんざりする。）

⑥**話や遊びをしている友だちに急にわりこまない**

（順番を守る。相手を大切にしていない。）

⑦**人の話をすぐに「ひてい」しない**（「無理」「できるわけない。」をいきなり使わない。）

⑧**自まんはなるべくしない**（できない子は落ち込む。「偉そうな人で嫌だなあ」と思われる。）

⑨**ことわる時は「ごめんね」か「今度しようね」をいれる**（柔らかく人と接する。）

⑩**うわさ話はしない。人の悪口や欠点は、他の人には言わない**

（本当のことを言うと、ばらされるから言うのをやめよう。他の人に自分の悪口を言っているのではないかと不安になる。そして友だちでいるのが心配になる。友だちの信用を失うのが高いのがこれ。）

⑪**友だちを待たせない。待たせているとわかったらいそぐ**

（早く並ぶ、着替える。すばやく静かに行動する。遅い人がいるとみんなの待ち時間が多くなる。）

⑫**友だちの失敗にはやさしくしよう**（誰でも失敗します。優しい人に人は集る。）

⑬**相手の顔をみてしっかりと話を聞こう。うなずいて話を聞こう**

（体を横に向けて聞いたり手遊びして人の話を聞くと、面白くないのだと相手に思わせる。感じ悪いと相手に思わせる。話をちゃんと聞いてくれないからこの人と話をするのはやめておこうとなる。）

⑭**公事（おおやけごと）と私事（わたくしごと）は、公事を優先しよう！**

（みんなで何かをする時に自分のやることが重なった時は、みんなを優先しよう。例えば、帰りのあいさつをする時に、帰る用意ができていなくても先にあいさつをしましょう。友だちを待たない。）

⑮**自分の話ばかりしない。話が少ない人に話をふろう。（話題ゆずり）**

（グループで話す時、話をしていない人に話をふって話す機会をあげてください。優しい人です。）

3. 楽しいクラスづくり速効スキル（4）
班遊び

1. ねらい

①子ども同士がより仲良くなるために行う。
②子ども同士が仲良くするためには、どのようにすればいいかを真剣に考える場を与える。

2. 指導手順

前提条件
①みんなと仲良くなるという意思や目的が共通理解されている。
②クラスの仲がある程度になっている。
③みんな遊びはしようという気持ちがある。
④週1、2回は班遊びをしてもいいと思えるくらいのクラスの仲のよさ。

1時間目
①趣意説明と導入

> みんなが仲良くなるためには、どういうことをしないといけませんか。具体的に近くの人に言ってみてください。

　指名なしで意見を発表してください。
（みんなで遊ぶ。プラス言葉を言う。ゲームをする。困っていたら助ける。あいさつをする。）
　すべていいですね。
　大事なことは、その人と何かをすることで仲良くなっていきます。そういうのを共同体験といいます。

言ってごらん。
（共同体験）
共同体験をすればするほど、人は仲良くなります。
　だから、みんなで遊ぶというのは、けっこう日本中の学校でやっていることです。みんな遊びといいますね。
　で、これももちろんいいですが、大人数で遊んでいたら、話をしない人ってでませんか？　どうですか。
（話さない人もいます。）
　となると、その人とは仲良くなれません。
　話したり、楽しんだりすることが大切なのですね。

ですので、みんなに提案をするのですが、少人数で遊ぶ「班遊び」という遊びを提案します。

　これのいいところは、4～6人で遊ぶので必ず話せるということです。
　でも、その分、難しいところもあります。けっこう人のことを考えないといけません。
でも、成功すると仲良くなれます。

さて、みんながだいぶ仲良くなってきているので、この班遊びを提案しますが、どうですか。やってみますか？

　やってみるか、やってみないか隣の人に言ってみて、その理由も言ってみましょう。
（相談をさせる。）
　やってみようかなと思う人？　かなり多いですね。
　やめておこうかなという人？
（いたら、理由を聞く。）
※「面倒くさい」などの理由ならば、みんなと仲良くするのが面倒くさいのでしょうか？　と聞く。
「みんなと仲良くなるために、まだ早い」というような理由は話を聞くが、根本的に仲良くなる気がないというような理由の場合は、「クラ

ス目標でそのように決めたのに、今頃そういうのはおかしいと思いますよ。もし、いやならば、クラス目標をかえる提案をしてください」と言う。

※ちなみに通常、ほとんどの子がやるという。私は一度も反対が、2人以上でたことがない。一瞬は反対がでても、みんなで討論をすると即座にその意見はひっこめる。なお、そのような状態の時に提案をするのがみそなのであるが。

※もし、やらないという子が半分ならば、やらなくてもいい。また、時期をみて提案すればいい。

②決定から実施へ

では、班遊びをすることにしますね。

班の形にしましょう。

次の休み時間にしたい遊びを考えます。みんなが納得する遊び。みんなで楽しめる遊びを選ぶんですよ。

では、相談しましょう。

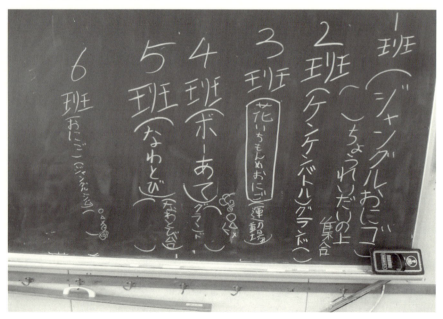

決まったら、黒板に意見を書きなさい。集合場所も書きましょう。

　（遊びを書き、集合場所を書かせる。）

③（　）を書き、その意味を書かせる。

　（教師が決まったゲームの近くにかっこを書く。）

　先生が（　）を書きましたが、この中には、◎か○か△か×を書きます。

　◎は全員が楽しかった。

　○は、普通の人もいますが、全員が悪くなかったとき。

　△は、少し面白くなかった人が一人いたとき。×は一人でも楽しくなかった人がいたときです。

　花丸は最高に楽しかった人が全員のときですね。

　班遊びが終わったときに書いてくださいね。リーダーが。

④では、休み時間になりますね。まもなく。

　楽しんでおいでね。

（やらせる。）

次の時間

①では、（　）の中に○や△などを書いてね。
②あれ、×のところがありますね。どうしたのですか。
　（おにごっこなのですが、全然おにがこなくていやでした。）
　なるほど、そういうことありますよね。一人狙いをしていやとかもけっこうあります。おにごっこをするときは、いろんな人をねらうということにしていいですか・・・いい人？　だめな人？
　はい。では、いろいろな人を狙うことにしましょうね。
　これで次回うまくいくといいですね。
　他にありますか・・・。

その後・・・

①班遊びを続けさせる。
②必ずトラブルはあるが、トラブルの理由をきく。そして、今後どうすればトラブルが起こらないかのルールを決めさせることを続ける。

3. この実践を行うとどうなるか

　クラスの雰囲気がさらによくなる。
　また、ルールを守る子が増えていき、クラスをよくしようとする意欲も高まっていく。
　トラブルも起こるが、そのトラブルを自分たちで解決できるようになっていく。
　また、放課後でも自分たちでどうすれば、トラブルが少なく公平に遊べるかを行うことができるようになっていく。
　班遊びをすると、「自分だけが楽しい」を優先する自分勝手なことが少しずつ変わっていく。

3．楽しいクラスづくり速効スキル（5）
ハッピーレター

1. ねらい

①子どものふれあいをふやすため。
②子どもが友だちから認められているのだと実感させるため。
③子どもがしているよいことを強化するため。

2. 指導手順

前提条件
①教師が一筆箋で全員の子に手紙を送っている。
②表立って落書きを書くような子がいないと確信がもてる時。

1時間目
①授業をする。（道徳か学級会）

> 　友だちと仲良くなるために「ハッピーレター」をはじめます。ハッピーレターの紙を2枚渡しますよ。
> 　1枚はとなりの人。もう1枚は誰に書いてもいいからね。
> ※隣の人に書かせないともらえない子がでてくる。
> （書かせる。）
> 書けたら先生のところへ持ってきなさい。
> （もってこさせる。誤字脱字、失礼なことが書いていないかをチェックする。）
> では、先生にOKをもらった人は、渡しなさい。
> （渡す。子どもたちはにこにこになる。）

> では、次は、好きな人に書いていいですよ。
> （同じようにチェックをしてから渡させる。）

2時間目か休み時間
①たくさん書いている子をみつけて、ほめる。
②全体の前で、「すばらしいね。＋行動をしているね。」とほめる。

その後・・・
①ハッピーレターを書かせるのを５回以上続ける。隙間時間などにも。テストが早く終わったり、給食を早く食べ終わったときに。
②お家の人にもあげてもいいよとすすめる。
③そうしてたくさん書かせていると、教師に書いてくる子がでてくる。それをみんなの前で喜ぶ。さらにくれる。
④学級通信でも取り上げる。
⑤２学期には、隣のクラスにあげるようにもしていく。「お世話になった先生にもあげてみてはどう」とすすめる。校長先生などにも。
⑥クラスの人何人くらいにあげたかきく。半分くらいあげている子がでてくる。大いにほめる。「クラスを良くしてくれる人だ」と。

その実践１か月後以上
①さらにクラスがよくなるためにはどうしたらいい？　全員に出すというのがでてくる。「じゃあ、だそうか」という。
②しばらくやっていかせ、確認をする。
③全員に配ったかどうかの名前の表をあげる。もらった人、あげた人の欄があるもの。
④もらったものは保管できるように画用紙にはらせていく。本みたいにする。
⑤全員に配られるようにする。

できたら、またほめる。クラスをあたたかくしてくれてありがとうと。
※1か月後以上の実践はしないこともある。子どものノリによる。

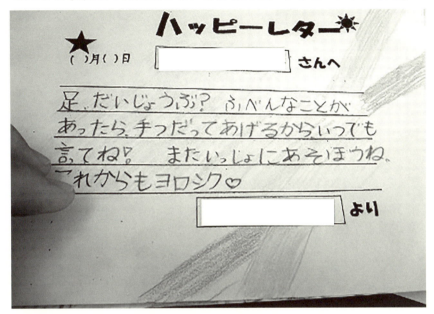

3. 指導していたらよく起こること

①**どう書いたらいいかわからない子がいる。**
→見本をみせたり、友だちに書いたことを発表するようにさせたりする。そうすることで書きかたがわかってくる。

②**書きたがらない子がいる。**
→先生がかわりに書いてあげたらいい。あるいは、メッセージを考えてあげる。それでも書きたがらなければ、ほうっておいてもいい。その子ももらえば、うれしくなって、いつか書きたくなる。
（実際、特別支援学級の子は、書きたがらなかった。しかし、2学期後半にはどんどん書くようになった。

③**もらえる量が少ない子がでる。**
→教師が書いてあげる。

→あの子に書いてあげてもらっていい？　とこっそりと言う。

④5枚目以降から適当になる場合がある。

→教師のチェックを厳しくする。

4. この実践を行うとどうなるか

　クラスがとっても明るくなっていく。

　また、友だちのよいところをみつけるようになる。

　また、いいことをがんばろうと思うようになる。

　教師がほめるのもうれしいが、友だちにほめられるのもうれしいものである。

①**承認文化が作られていく。**

　友だちのことをみるようになるのがいい。

　ちなみに、ハッピーレターの実践は数多くあるが、名前がちがって似たような実践はたくさんある。思いつきやすいのだと思う。

　子どもに自己肯定感や認められている感を与えるためにとてもいい実践である。指導ステップは自分があみだした。大事なことは、指導のステップと強弱である。決してあせらずにやっていくのがいい。

②**100枚を超えると劇的にクラスがよくなる。**

> 一人が100枚ぐらい書いた、10月ごろにクラスは劇的によくなっていく。

　テストが早く終わった子に書かせるなど、すきま時間を活用して、たくさん書かせることが大切である。

　誕生日の子に書いてあげるようにするなどもいい。

　やっていると、先生にも書いてくれる子がでてくる。そのときは、感謝の気持ちを伝えるとさらに書いてくれるようになる。

（次ページは印刷用。印刷し、裁断機でカットし400枚ぐらい用意。）

♡ **ハッピーレター** ☺ （　　　　　　）さんへ

_____

_____

_____

_____

　　　　　　　　　　　　（　　　　　　　）より

♡ **ハッピーレター** ☺ （　　　　　　）さんへ

_____

_____

_____

_____

　　　　　　　　　　　　（　　　　　　　）より

3．楽しいクラスづくり速効スキル（6）
感動道徳

1．ねらい

①子どもに先人のすばらしい生き方を見せる。
②子どもに勇気を与える。
③テーマについての大切さを伝える。（例えば努力、チャレンジ。）

2．指導手順

前提条件
①クラスがよほど荒れていなければ使える。
　内容によっては、子どもがちゃちゃをいれたり、場にそぐわないことをいれたりすることがあるので、学級がある程度統率されているのが大事である。

1時間目
①授業をする。（道徳か学級会）「ニック・ブイチチさんの生き方」
　ねらい・ニックさんの生き方から、あきらめない、努力する大切さを
　　　　感じ取ることができる。

ニック・ブイチチさん。彼をみて、気がついたことを、どうぞ。

（手や足がない）
　生まれつき、手足がない障害を持っています。
　でも、とっても明るい人なんです。
（映像をみせる。プールにはいったり、ゴルフをしたりする様子。）

手がないのに、手がこごえそうと言っているのです。
　アメリカンジョークです。
（映像）
　人を楽しませるのがとっても好きな人なんですね。
　そんなニックさんが生まれた時、お母さんは、どんな言葉をかけたでしょう。
（元気によく生まれてきてくれた。うれしい。）
　「つれて行ってください。見たくもないしさわりたくもありません」
感想をどうぞ。
（かわいそう。）
　しかし、生まれた当時は、そう思いましたが・・・。
　お母さんとお父さんは、じっくりと話しあい、一緒に育てていこうと決心しました。
　そうして、大事に大事に育てられてきました。

小学生の時、どんな子だったのでしょうか。

（元気な子）
　元気な子・・・、まあ、明るいということで、明るいと思う人。いや、明るくなかった。
　読んでください。はい。
（ぼくはびんぼうくじをひいたんだ）
（大すきな母にめいわくをかけて　生きていくのはもういやだ）
（どれだけ高い場所から落ちれば首の骨がおれて死ねるだろうか）
　これ、何を考えていますか。
（自殺を考えている。）
（映像をみせる）
　お風呂にはった、15センチの水で死のうと思った。
　しかし、両親が泣く姿が浮かんでできなかったんですね。
　大事に育ててくれた家族を困らせることはできない。

弟や妹が大学生になるまでは生きようと考えたのです。

そして、大学生になった時ある話がきます。読んで。はい。

(300人の学生の前で、話をしてくれないか。)

あなたなら、引き受けますか？　受ける人。受けない人。

不安を感じつつも引き受けました。

話が終わった後、一人の少女がニックさんの元にやってきました。

なんといったでしょうか。

(よかったです。)

「あなたのおかげで、わたしの人生がかわりそう」です。感動してくれたのですね。

今まで家族にささえられてきた自分にもだれかのためにできることがあるのかもしれない、そう思えた瞬間でした。

そして、ニックさんは家族を頼らず、一人で生活を始めます。

(映像・一人で上手に生活をしている様子)

感想を。

(すごいです。)

こうした経験をもとに、講演活動を行うようになりました。

その話の内容のメインはなんでしょうか。

(映像・まけるなというメッセージを言っているニックさん)

人生をあきらめていたニックさん、今はもうあきらめていません。

結婚できないとなげいていましたが、結婚をし、子どもも生まれ、幸せな人生を過ごしています。

なぜ、そのように幸せな人生を送れるようになったのでしょうか。

(あきらめなかったから。)

(映像をみせる・あきらめてはいけないよというメッセージ)

あきらめない。ギブアップしない。

そういう人生を送っていきましょうね。

※感動道徳のラインナップは、30以上ある。
　そのうちの一つを紹介した。感動道徳は生きることに勇気を与える。自分もがんばろうと思わせる。月に1回くらいはいれたいところである。別に学級会の時間や朝学習の時間にやってもいい。
※年に1つか2つ、こういう授業をためていけば10年で20以上たまる。手っ取り早いのは、ＴＯＳＳのセミナーにいって、道徳授業本を購入することである。長谷川博之先生や河田孝文先生、林健広先生の道徳授業などは、とくにお勧めである。私は、もらったものをカスタマイズして作っている。
※それぞれにテーマがある。友情、努力、正義感、本気。どれもいいが種類別でためておくといい。また、その時のテーマにあったものをやってあげるといい。

2時間目以降
①まったく別の感動道徳の授業を行う。

3．この実践を行うとどうなるか

　クラスに感動が生まれる。そして、自分がいかに小さなことで悩んでいたかがわかる。
　もっとがんばろうと思うようになる。
　運動会の練習中に努力系などをするとよい。
　子どもが燃えるようになる。その時に感じさせたいテーマの道徳の授業をすることが大事である。

3. 楽しいクラスづくり速効スキル（7）
対戦、協力対戦、協力の３分野ゲーム

1. ねらい

①ゲームをすることで子どもの雰囲気をよくする。
②子ども同士のふれあいを高め、仲をよくする。

2. 指導手順

前提条件
①仲の良さに応じて、ゲームを使う。
　緊張している時は、対戦型。
　少し仲良くなったら、協力対戦。
　さらに仲良くなってきたら協力ゲームになる。
②月曜日の１時間目や道徳の時間に使う。
　この時に使うと特に有効。盛り上がるし、「人と仲良くなるための授業の一つですよ」と言って進められる。

初期・対戦型ゲーム
①４月は意図的にゲームを行い、たくさんのふれあいの時間を作る。
　対戦型のゲームを意図的に多くする。
　船長さんの命令やミャンマーゲームなど。
②「船長さんの命令」は「船長さんの命令です。〜〜しなさい」

と言った時に言うことをきくゲーム。船長さんの命令と言わずに言ったことはきいてはいけない。
③「ミャンマーゲーム」は、二人組で対戦するゲーム。
　最初にじゃんけんをする。勝った方がはじめに「ミャンマー」と言う。相手は、「ミャンマー、ミャンマー」と2回言う。そして、勝った方が次に、「ミャンマー、ミャンマー、ミャンマー」と3回言う。どんどん言う回数が増えていく。言い間違えたら負けというゲーム。
④対戦型ゲームでも「教師対子ども」と「子ども対子ども」のゲームがあり、はじめは「教師対子ども」の方が無難である。
　とてもやんちゃな子がいる場合は、「子ども対子ども」でトラブルに発展することがあるからだ。

中期・協力対戦ゲーム

①けっこう仲良くなったなら、ふれあいのあるゲームをいれても、子ども同士のトラブルは起こりにくい。この時期になると協力対戦型のゲームをいれる。
　「3人協力じゃんけん」や「二人組おにごっこ」などである。
②「3人協力じゃんけん」は、3人1チームになって、じゃんけんをするゲームだ。Aチーム3人とBチーム3人が対戦したとしよう。
　Aチームは、例えば全員グー。Bチームは、例えば全員チョキをだすような感じで、「チーム対抗のジャンケン」をする。
　その時に、一人でも自分のチームと違うものをだしたら、その時点でアウトである。だから、よく作戦を練っていないといけない。すくなくとも、3～5つは出す順番をきめておかないと、あいこだった場合、次は負けてしまう。
③二人組おにごっこは、二人で手をつないで逃げたり、追いかけたりするおにごっこである。手が離れたらアウトである。
　一人よりも息をあわさないとすぐにはずれて負けてしまう。

④この協力対戦型ゲームは友だちとの交流が生まれる。ある程度の仲の時にとても有効だ。

後期・協力ゲーム

①友だちと協力ができるようになってきたらいれる。負けた時に人のせいにしない子がいるようならやっていくとよい。
　拍手ゲームや大縄などが有効だ。

②拍手ゲームは、リーダー「はい」と言ったら、拍手を1回する。もう一度「はい」と言ったら2回する。次は、3回と増やしていく。
　やっていくと、最後の拍手があわないときがある。それが面白いゲームだ。
　「最高何回できるかな、班でやってみよう」などとすると盛り上がる。そのときに、失敗をしても「どんまい」と言ったり、はげましたりするところがみつけられたら思い切りほめる。「すばらしいね」と。

③大縄は、その名の通りのゲームだ。ただ、通り抜けるだけをすばやくしたらOKなどの簡単なことをしながら達成感を与えていくのがいい。はじめは、1分間で、20人抜けたらすごいよなどと簡単なことでクリアをさせていく。
　いずれは、1分間で80回。100回などと目標をたてていく。はじめは簡単なところからはじめていくのがいい。
　これも励ましたり、応援したりしていたらほめる。
　協力の大切さ、みんなでよろこびを分かち合うようにさせるのが大事である。

ポイントと思うこと

①我々大人がはじめてあった人といきなり仲良くなるということはほとんどない。話していくうちにこの人はどんな人か。どんな反応をするか。趣味は何かを知りたくなる。同じようなところや安心する部分

があると仲良くなっていく。

②普通、いきなり肩をくんだり、触れ合ったりする遊びは嫌なはずだ。子どもも大人もそれは同じだ。また、はじめは同性同士のほうが話しやすい。いきなり異性にはいかない。基本人間は同じ部分、共通性があるほうが安心をする。

そういうことを踏まえて仲良くさせていく必要がある。

③ゆえに、はじめは対戦型ゲーム。

しかもあっという間に次のメンバーにいくゲームがいい。例えば、ジャンケンゲームなど。

また、接触がないゲームのほうがより子どもは抵抗なく行う。

例えば、握手をするゲームと握手をしないゲームならば、初期は、握手をしないゲームのほうがいい。

そういうことを考えないとトラブルが起こる。

その後・・・

①定期的にゲームをいれていく。学級会のはじめの５分などにいれるのもいいだろう。

3．この実践を行うとどうなるか

クラスがとっても楽しい雰囲気につつまれる。

私は月曜日の朝は学級会の時間から始めているが、そのときに、百人一首などのゲームから始めることが多い。そうすることによって、子どもたちが明るく、楽しい雰囲気になっていく。

席替えをした後にも数分だが、ゲームをすることが多い。

ゲームを学級経営にいかすことは、とても大切なことだと考えている。

3. 楽しいクラスづくり速効スキル（8）
広める言葉・助ける言葉

1. ねらい
①司会言葉を言う子どもを増やす。
②司会言葉を言う子どもを助ける言葉を使う子どもを増やす。
③自治になるための土台をつくる。

2. 指導手順

前提条件
①クラスの仲がある程度よい。
②司会言葉を言う子が2、3人はいる状態で使う。

1時間目 道徳や学級会や給食の時間などに

　そういえば、さっき、A子さんが給食の時間に「そろそろ席をもとにもどしましょう。」って言っていたね。
（給食の時間10分前に、席を前にもどして、静かに食べる時間を設定している。）
　すばらしいですね。そういう言葉があると、みんなが給食を食べる時間を意識して、休み時間までに食べることができますよね。大事なことです。こういうことが多くあるとクラスはうれしくなります。よくなります。

A子さんのように、みんなによびかける言葉を「司会言葉」ともいうけど、別の言い方で「広める言葉」といいます。

　みんなに「なにかをしよう」と広めているからです。

とてもすばらしいですね。
（広める言葉と板書）
で、その「そろそろ席をもどしましょう」ってA子さんが言った後に、Bさんが「はい」と返事をしたよね。
それとCさんが、「みんなもどそう。」と言ったよね。
すばらしかったです。それを言うと、よりAさんが言った「席をもどそう」と言うことが早くなるよね。
BさんとCさんは、Aさんが言ったことを助けたのです。

> 広める言葉を言った後に、返事をしたり、同じことを言ってあげたりすることを「助ける言葉」といいます。

（助ける言葉と板書）
Aさん、BさんとCさんが言ってくれてどういう気持ちだった。うれしくなかった？（うん）
もし、なかったら無視をされた感じになるよね。
すると、広める言葉を使ったAさんは、次から使うのをやめようかなとなるよね。
もし、Aさんが言わなければどうなる？
（席をもどするのがおそくなる。）
そうだね。そうなっていくとどうなる。
（食べる残りの時間もしゃべって、給食時間までに食べられなくて休み時間がへる。）
みんなにとっていい？（よくない。）
せっかく、みんなのためにいい行動をして、「広める言葉」を使ってくれたのを消すとあなたたちにとっていいことが起こらないのですね。

> 「広める言葉」を使う人が増えるとクラスはよくなります。そのあとに、「助ける言葉」を使うと、さらに「広める言葉」を使う人が増えていきやすい環境になるのですね。

感想を隣の人に言いなさい。

（隣に感想を言う。）
　指名なしでどうぞ。
（「広める言葉」を言おうと思いました。「助ける言葉」は大事だなと思いました。）
　はい。Aさん、Bさん、Cさんありがとうね。先生からもお礼を言います。クラスがよくなっていきます。
　※その後、一筆箋をわたす。

その後･･･
①広める言葉、助ける言葉を言っているのをみつけるたびに、ほめる。
②いい行動をみつけたら、通信でもほめたり、紹介をしたりする。

指導ポイントと思うこと
　なお、この指導の前に、体育で教師が「集合」と言った後に、周りの子が「集合」と言うことがある。
　それをみつけて、ほめるのもとても大切なことである。
　この子どもたちが言ってくれているのは、助ける言葉であるから。助ける言葉がないと広める言葉をする子はでてこない。

3. この実践を行うとどうなるか

　クラスの中で広める言葉を言う子が増える。また、助ける言葉を言う人が増える。
　この指導をいれることによって、自治が始まっていく。「みんな、〜〜しましょう。」「はい。」という言葉があふれたら、クラスはもう一段階レベルアップする。

3．楽しいクラスづくり速効スキル（9）
現実道徳

1．ねらい

①生活をしていると必ず起こる出来事を解決する考え方を習得する。
②現実の問題をうまく解決することでストレスを減らす。
③よく起こる問題を未然に防ごうと思わせる思考を作る。

2．指導手順

前提条件
①特になし。
　あえていうなら、そのトラブルが多い順に行う。

1時間目　道徳の授業か学級会の授業時間に行う。
①授業を行う。現実道徳「やるべきことを仲間だけにさせるな」

> みどり村、ひよし村、らくする村があります。
> 全ての村が水不足です。
> 水がでないので、何かをつくらざるをえません。何をつくる？（井戸）
> 井戸ですね。
> らくする村は、井戸を一人だけが作っています。
> 他の人は知らんぷりです。かれらの気持ちです。
> みんなでよんで。はい。（面倒くさいからしたくないわ。楽ちん。）
> 感想を。（一人でがんばってえらい。他はずるい。）
> とても時間がかかるのでこの人はあきらめました。村は全滅しました。
> **人まかせにしすぎると・・よけいに何ですか。**（損する。）

Ⅱ　学級経営手立てを使いこなしクラスの絆をパワーアップ　125

損するのですね。

ひよし村。
ひよし村は、井戸を5人が作り、5人が応援、手助けをしています。
そのおかげで、1か月後、井戸は完成しました。よかったですね。

この2人は・・・こう言っています。よんで。（らくちんだったわ。）
感想を。（最悪や。）
人まかせにしすぎると・・・みんなから何ですか。（嫌われる）
嫌われるのですね。
自分がしなければいけないことをやってもらっている時は、感謝の言葉や何かをしないと感じが悪い。何がはいる？（手伝い）
手伝いですね。

みどり村。みどり村は、井戸を10人が作りました。
そして、2人が応援、手伝いをしました。
そのおかげで、10日で井戸は完成しました。
感想を。（いいチームだなあと思いました。）
人まかせにしないで・・・がんばるとみんながどんな結果になる？
（うれしい、幸せ）
うれしいですね。

どの村に入りたい？　らくする村。ひよし村。みどり村。
みどり村ですかね。
では、みどり村の人なら帰る用意、早く終わってさよならしたいよね。

どうする？（手伝う）

手伝うですね。

もし、手伝ってもらったら、なんて言う？（ありがとう）

「ありがとう」を言えばいいね。

自分がしなければいけないことをやってもらっている時は、何をしないと感じが悪い？

（感謝や手伝い）

そうですね。現実にある話です。知っておいてね。

※2018年10月現在7つの現実道徳がある。そのタイトルは以下。

①現実道徳1　友だち大好きすぎて嫌われる
②現実道徳2　三者間トラブル
③現実道徳3　やさしさの定義
④現実道徳4　仲間だけにさせると嫌われる
⑤現実道徳5　アサーティブ
⑥現実道徳6　悪口を聞かされて、だまると……
⑦現実道徳7　本物の友だち

※紙面の関係で今回の紹介は一つにする。

2時間目

違う現実道徳の授業を行う。

その後・・・

①定期的に、友だちについてなどのテーマで作文を書かせる。友だちのとりあいなどが起こっていないかを確認をする。
②「最近、友だちのとりあいは起こっていませんか。ふせてみて。大丈夫だという人、手をあげて。ちょっと大丈夫でない人。」などの確認をしていく。

やってはいけないという意識をさせていくのが大事である。

3. この実践を行うとどうなるか

　トラブルが確実に減っていく。また、現実道徳で紹介したことは、だれが悪いのかの原因がわかっているので、そのこと自体が起こりにくくなる。
※なお、「現実道徳」とは、私が勝手に作った造語である。
　現実に起こる問題をテーマに扱った道徳授業である。ソーシャルスキル的な道徳に近い形があるが、話し合い、その問題解決方法を考えることが特徴的で、もっとも現実的に起こりえる問題をとりあげている。通常、教師は問題が起こってからとりあげるが、その前に、授業で行っておくと、トラブルは激減する。

３．楽しいクラスづくり速効スキル（１０）
友だち賞状

---

1. ねらい

①友だちのよいところを認めるようにするため
②人を認めることが楽しいと実感させるため
③あまり目立たない子のよいところをみつけようとするため

2. 指導手順

前提条件
①教師が一筆箋を書いている。
②ハッピーレターを実施している。
③クラスである程度の承認文化が作られている５月以降。

1時間目

①教師が賞状を5、6人にあげる。(道徳か学級会)

　最近、すごく頑張っている人がいるので賞状を作ってみました。

　Aさん、Bさん、Cさんきてください。あなたたちは、掃除がとってもとっても上手なので、そうじうまいで賞をわたします。いつもありがとうね。

　Dくん、この前、お楽しみ会で司会をたくさんしていましたね。とってもとってもすばらしいです。司会すごいで賞です。

　Eさん、すごくもりあげていましたね。拍手などがすばらしかったです。もりあげすばらしいで賞です。

　みんなもこのような賞を友だちにあげてみませんか。先生一人ではすごい人を見つけるのが限界があります。クラスをよくしようと思う人、友だちをよろこばせてあげようと思う人はやってみてくださいね。

　とりあえず、全員に1枚配ります。

　あげたい人に書いてみてください。まあ、いいかなという人は、本を読んでおきなさい。

（5分ほど書かせる。）

　早くできた人は、色鉛筆などをぬっておいてあげてね。

　できた人は、もってきなさい。はい。いいね。すばらしい。

　では、2枚目を書くか、色塗りの続きをしてね。

　では、全員一度、ストップ、先生にOKをもらった人は、前にきて、読んであげてください。そして、賞状をわたしてください。

　　（書いた子がでてきて、書いた人の名前をよぶ。）

　では、わたしてあげてください。大きな声で言ってね。はい。では右の列からどうぞ。

　　（Aさん、勉強をいつもよくがんばっていますね。勉強すごいで賞です。おめでとうございます。）

いいですね。(教師は拍手をする。) おっ、拍手している人いるね。いいね。友だちがうれしくなるね。
では、つぎつぎとどうぞ。言って、わたしていってください。

2時間目か休み時間

①あとは、休み時間にお返しなどがはじまる。
②たまに、学級通信で書いている子がいたらほめる。
③休み時間に書いている子がいたら、書いていた子をほめる。「えらいね。相手がうれしくなるね。そういうプラスの行動をするとどんどんクラスがよくなっていくね。」と言う。

その後・・・

①1、2週間後に、確認をする。賞状だから、もらえない人がいるかもしれませんが、それはちょっと寂しいですね。賞状もらっていない人、手をあげて。はい。では、その人たちに書きたい人？　いいね。先生も書きますね。そう言って、その子に書いて、あげる。
②あとは、しばらくほうっておく。テストが終わった時などに書かすようにする。
③また、終わりの会の時に、賞状を書く時間を1月に1回ぐらいとるようにする。

3. 指導していたらよく起こること

①**もらえない子がでてくる。**
　→いくつか考えられる。ハッピーレターみたいに隣に書きなさいとする。あるいは、もらえていない人を確認して、いいところ、見つけられるかなあと言って、書く方法。または、もらえていない子に先生が書くという方法。(ただ、友だちからもらえることもうれしいので、友だちに書いてもらうようにする。)
②**あまり書く子がいない。**
　→それは、ハッピーレターなどがすこしいきおいがなくなった時にだすようにするなどしているだろうか。これはハッピーレターの次に

するといい。また、クラスの仲が悪ければ、広がりようがない。前提条件をよくみてしていただければと思う。

また、賞状をたくさん書いている子に、先生から賞状をたくさん書いて喜ばせているで賞を書くようにするのも一つの手である。

③ 同じ子ばかりに書くようになる。
→「いろいろな子に書いていますか。仲良し以外にも書くようにするから、友だち関係が広がるのですよ。安心領域以外の人にも書きなさいね」と言う。

4. この実践を行うとどうなるか

クラスがまたもりあがる。よいところをみつけようと、やっきになる。
「家に持って帰って、書いてきていいですか?」と聞く子もでてくるほどだ。子どもたちは人を認める、ほめるのが大好きである。
この友だち賞状は、ハッピーレターよりも早く作ろうと思えば、作れる。名前と何がすごいかを書くだけだからだ。なので、お手軽さもあり、早く広まっていく。

5. この指導について思うこと

① ハッピーレターの後につなげるのがねらい。

同じことをしていると人間は、あきる。
なので、ハッピーレターに少しの変化を加えた「友だち賞状」などの手立てを行うことで、より承認文化が広まっていく。

② 一人を作らない。みんな満足をねらう。

この実践では、絶対に全員にわたるようにしないといけない。なので、教師が全員がもらったかを確認しなければいけない。また、そういうことに気がつく子、そういう子にあげようとしている子をめちゃくちゃほ

めるようにする。そうして、通信などでも、全体の前でもほめていく。そうすることで、一人の子を生み出さない風土が生まれる。

3．楽しいクラスづくり速効スキル（１１）
よいところ発表

1. ねらい

①承認文化を増やすために行う。
②他の友だちのよさをみつける習慣をつける。
③みられているんだという意識を与え、少しがんばろうと思わせる。

2. 指導手順

前提条件
①４月半ば以降から。
②指名なし発表ができつつある。

1回目〜4回目　終わりの会、そうじなどで。
①そうじのうまかった友だちの名前を指名なしで言います。
　（林君です。竹岡君です。小林君です。太田さんです。谷口さんです。）
　はい。ありがとう。上手に発表するね。
　どうして上手だったの？　林君は静かだったからです。
　静かだったからね。いいね。ありがとうね。

5回目以降
①そうじのうまかった人の名前とその理由を言います。

Ⅱ　学級経営手立てを使いこなしクラスの絆をパワーアップ

（小林君です。静かにやっていたからです。）

　（矢野さんです。すみっこをはいていたからです。）

②名前を言われた人、立ちましょう。すごいね。

　名前を言われていないけど、がんばった人、ありがとうね。がんばってくれて。

指導ポイント

　終わりの会で、「今日友だちががんばっていたことを言ってください。」などを入れる。

　これは、1、2回では効果がなく。日々、当たり前のようにすることが大切である。時間がかかるときは、名前をいわせるだけでいい。

　いろいろなバリエーションを考えて行うとよい。例えば、運動会の練習でがんばっていた人。今日優しかった人など。

3. この実践を行うとどうなるか

　日ごろから友だちのよいところをみつけるようになっていく。また、人のよいところを言うことが恥ずかしくなっていく。

　毎日のように人のいいところを言っているクラスになると、とても自己肯定感があがっていく。

　教師も子どもも気分がよい。

　この実践を行うと、友だちの目も気にするようになっていく。友だちから評価されるからがんばろうと、少しは思うようになる。これもよい学級を作るうえで大事なことである。

3. 楽しいクラスづくり速効スキル（１２）
あいさつ勝負

1. ねらい

①子どもにあいさつをする習慣をつける。
②子どもにあいさつをする楽しさをみにつけさせる。

2. 指導手順

前提条件
①教師が普段からあいさつをしている。クラスで一番くらい。
②４月の２週目ぐらい。

1回目
①授業をする。（学級会か終わりの会）

　クラスをよくするためには、何をしていったらいいと思う？
　近くと相談。
　はい。（たくさん遊べばいいと思います。）（あいさつをすればいいです。）（話しかけたらいいと思います。）
　どれもいいね。大事だ。では、朝の一番初めにすることのあいさつからやってみようかなと思います。
　なかよくなるためのあいさつを増やすために「あいさつ勝負」というのをしたいと思います。
　ルールは、簡単。先生より早くあいさつをするだけです。
　できるかな。ちょっと、やってみようか。
　（教室の外にでて、後ろからはいる。）

> おはようございます。（おはようございます。）
> いえー、先生のほうが先。
> というようにやります。
> 　まあ、楽しみながら、あいさつを増やしていきましょう。そして、これを続けていくうちに、あいさつをするのが当たり前になるといいですよ。

次の朝
①教師は、本気で「おはようございます。」といって、子どもに勝ちにいく。そして、「やった！！」と喜ぶ。
②朝の会の時。全員起立。教師、先生に勝ったか同点だった人、手をあげて。
　（確認をする。教師の方が勝つはずだから、その時は、）「やったね。クラスの半分の人に勝ったね。」という。
③「明日が楽しみだね。」といって、３日ほど続ける。
　すると、あいさつがどんどんと広がっていく。

その後・・・
①数日やっていると、勝てなくなってくる。
②「そこで、先生は負けたけど、みんなのあいさつが気持ちがいいから、負けても気持ちがいいわ。」「これが当たり前になっていくといいね。」「では、明日からは、隣の人、班の人ともやってみてくださいね。」という。
　さらにあいさつが広まっていく。
③声の大きさも勝った人。笑顔でも勝った人？　などを冗談めいて、確認をしていてもいい。そうすると、あいさつ名人がでてくる。そういう子がいたら、大いにほめまくる。通信でも紹介する。

その実践1か月後以上

① 「そろそろ、勝ったとか、負けたとかはなしにしようか。ゲームをして、それが当たり前になる習慣をつけようと思ったので、やったことだからね。明日から、ふつうに友だちより先にあいさつができるようにがんばってね。」とする。

3. 指導していたらよく起こること

①隣のクラスの子に勝負を求める。
→そういうことが生まれたら、ほめまくる。
②やたらと「勝った！」という子がでて、負けた子が落ち込む。
→あまり、気持ちがいいものではない。負けたのでは、だから、あいさつ勝負で「勝った」って言ったら、負けね。相手を気持ちよくできないので、それをおぼえておいてねという。
③全然あいさつを頑張らない子がいる。
→ほうっておいていい。あいさつを後でもしていることをほめる。あいさつをする雰囲気を生み出すことが大事である。
④「気持ちがこもったあいさつでなくてもいいのですか。」と聞かれる。
→もちろん、大事だという。しかし、「まずは、量を増やすことからはじめる。習慣をつけることを重視します」という。「空気のようにあいさつができるようになることが先決で、同時にいいあいさつ、気持ちのいいあいさつを目指していくよ」という。「あなたは、いいにくるぐらいだから、いいあいさつができていると思う。見本になってね」というと、よくできている子はニヤッとするし、自分があいさつをしたくないだけの子は困った顔になる。
※なお、あいさつをしたくない子もいて当然である。あいさつは、勇気がいることだ。恥ずかしさに勝つことでもある。しかしである。あいさつをできないままにするということは、新しい友だちに話しかける

こともできないのをほうっておいているのと同じであると考えている。あいさつができない子が、友だちに話しかけられるだろうか。無理だろう。あいさつは、負担が1秒。話しかけるのは、もっと時間がかかる。1秒できない人が、5秒以上かかることを人に発することができるわけがない。と、このようなことを子どもたちにはいっている。

4. この実践を行うとどうなるか

　子どもたちのあいさつがとても増えていく。
　子どもたちがニコニコになる。低学年ならば、すぐにあっという間に増えていく。高学年ならば、少し時間がかかるが、やんちゃな男の子から広げてくれるので、クラスがとてもいい雰囲気になる。
　あいさつをするのが当たり前になっていく。

5. この指導について思うこと

①この指導は、きっかけづくりにすぎない。

　あいさつを楽しみながら増やすことができるが、これは、1か月した後から、落ちていく。そんなものである。そのときは、また別の方法であいさつを意識させたらいい。
　その後が大切で、朝の連絡帳を書くと

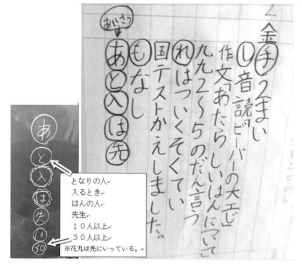

ころに、あいさつができたら、○をつけて、班全員にしたら、◎をつけるなどの工夫をするといい。自分でもチェックができて、がんばろうと思う。

②**あいさつチェック**

チェック表を合体させた連絡帳をつくるのもいい。

いろいろな工夫をしてみることが大事である。

③**あいさつのような習慣のことは、通常急激にうまくなることはない。徐々にやることが大切。**

習慣を直すのは、3カ月以上かかるのがふつうである。だから気長にやっていくというスタンスが必要だと思っている。

3．楽しいクラスづくり速効スキル（13）

ありがとうふやし

1．ねらい

①ありがとうと言う言葉を増やし、学級をよい雰囲気にする。
②ありがとうを言うことで、してもらっていることに気がつける。

2．指導手順

前提条件

①プラス言葉、マイナス言葉、信頼貯金などを指導している。
②ありがとうと教師がたくさんいっている。
③クラスがある程度の仲の良さである。

1時間目

①ありがとうの授業をする。「本吉伸行氏修正追試」

1．ストレスたまっている人？
　　いらいらしている人？
2．悩んだり、イライラしているとき、何をしますか？
3．ある女の子は、悩んだり、いらいらしたら、□をする。と言ってました。
4．ある人は、○○をしたらいいと言いました。なんでしょう。
　　（いいこと）いいことです。
5．人を喜ばせよと言います。その人は、デール・カーネギーといいます。
6．『道は開ける』という名著があります。
　　様々な偉人の悩みの克服の仕方が書いてあります。
　　この本の中で、フランク・ループという23年間の入院中の人がいました。感想を。
　　（大変）
　　大変ですよね。
7．でも、あることをして楽しんだそうです。なんでしょう。
　　（ゲームをした。）
　　　文通です。手紙で他の人をはげましたのです。
　　　これが発展していって国際的な文通組織にまで発展しました。
8．カーネギーは言います。どうしたら、他人を喜ばすことができるか、毎日考える。それを、しっかりおこなえれば、うつ病は劇的に改善される。
9．人を喜ばせよと言います。
10．さて、日本人が言われて、最も喜ぶ言葉があります。1位は何でしょう？
　　　1位　ありがとう　48.4％
　　　2位　大好き　9％　　　3位　愛してる

１１．ありがとうの反対の言葉は何でしょう？
　　　当たり前です。
１２．だから、当たり前のことに、ありがとうと言えれば、人を喜ばすことができます。
　　　ありがとうのよさは、いつでも言えることです。
１３．例えば、どんなときに言えそう。近くの人に言って。
　　　（手紙を渡してくれた時に言う。）
１４．いろいろな場面で言えますね。
１５．昔のクラスの友だちの日記です。読みますね。
　　　教室の雰囲気。最近、「ありがとう。」と言うのが、クラス中で流行している。例えば、給食を入れてくれて「ありがとう」「ありがとうと言ってくれてありがとう」前よりも教室の雰囲気が良くなったと僕は思った。これから、もっといっぱい「ありがとう」を言えるようになりたい。
１６．当たり前だと思うことにも、「ありがとう」と言えれば、人を喜ばすことができる。ありがとうを１日で20回以上言えるようになるとクラスはとてもよくなりますよ。
１７．詩でもとりあげられていますね。
　　　『ありがとう』　荘司武（しょうじたけし）
　　　ありがとう
　　　ありがとう
　　　言えば　とっても　いい気持ち
　　　言われりゃ　もっと　いい気持ち
　　　ありがとう
　　　ありがとう
１８．ファンキーモンキーベイビーズに「ありがとう」という歌があります。（視聴）
１９．いらいらしたり、悩みがある時こそ、笑顔で、「ありがとう」と

> 　　　言いましょう。
> 　　そして、その笑顔に「ありがとう」と言えれば、クラスは、さらにいい雰囲気になっていくはずです。
> ２０．松下幸之助、パナソニックの創業者の言葉です。
> 　　読みます。はい。
> 　　　（感謝の心が高まれば高まるほど、それに正比例して幸福感が高まっていく。）

②感想を言わせる。
　（ありがとうを言おうと思いました。）
　※上記のような感想が多く出たならば以下のことを進めていく。でなければ、それでおしまい。
③ありがとうをどれくらいの回数、１日何回ぐらいがんばれる？　ノートに書いてみて。
　（10回です。30回です。25回です。5回です。）
④指名なし感想を言わせる。
　（ありがとうという言葉は大切だと思いました。ありがとうという言葉を言うのをがんばろうと思いました。）
　※前提条件のもとに、このありがとうの授業をした後に、感想を言わせると、高い確率で上記のような反応がでる。

２時間目か放課後
①今日、ありがとうを言った人。10回以上言った人。えらいね。先生は、30回は言ったなあと言う。
②ありがとうを言っている人がいれば、ほめる。

その後・・・
①ありがとうチェック表の提案をする。
　みんながありがとうを増やそうとすること、とってもいいと思います。

そういうふうな気持ちをもって、ありがとうを増やすと必ずクラスはいい雰囲気になるね。
　それじゃあ、みんながありがとうを増やすしくみをつくりたいと思います。ありがとうチェック表をやってみたいと思います。簡単です。自分が1日何回ありがとうを言うかの目標だてです。
　先生は、そうですね。みんなに勝ちたいので、1日に100回を目指します。と言って、はる。
　みんなはどこにしますか。名前マグネットをはってみましょう。
　どこでもいいですよ。
　おお、すごいね。そんなにたくさん言うの。ありがとう。

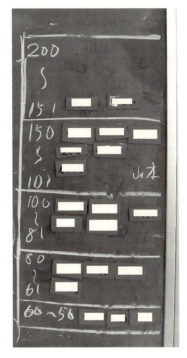

　きっと、クラスの雰囲気がよくなるね。そういうふうにクラスをよくしようとしてくれてありがとう。
※ありがとうチェック表は、授業の後にすることもある。その時の授業の子どものノリによって変える。
※これは、あくまで目標である。できなくてもいいという。
　1日1日確認をするのではなくて、たまに確認をする程度。
※先生も一緒にやるのが大事で、そうしないとやらされ感満載になる。
※これは、4〜6カ月後にとるようにする。だいたいありがとうが習慣になった11月ぐらいにとるようにする。
　この実践をするとありがとうがクラスに激増する。
※そして、この実践はクラス目標達成のための小目標にひきつがれる形となる。ここまでやっているから、子どもがクラス目標を達成するた

めに、1日40回はありがとうを言おうなどというのをあげてくる。

この実践のポイント・・・

　5つのことをすることによって、効果が倍増する。
①ありがとうの授業
②ありがとうチェック表
③テーマ作文「ありがとうについて」という題をだす。
④プラス言葉ランキングづくり。
⑤2学期に行う「小目標立て」でのありがとう○回がでてくる。
　この連続技でありがとうを増やしていく。
　クラスにありがとうがあふれれば、最高の環境が生まれる。トラブルも生まれにくくなる。

3. この実践を行うとどうなるか

　クラスにありがとうがあふれてくる。
　言いすぎてうるさいくらいになる。
　教師がプリントをくばるだけで、くばってくれてありがとうございますとなる。
　感謝の言葉があふれるので、マイナス言葉を言う雰囲気がかなりなくなる。ありがとうを言おうとがんばることは、やってもらったことへの感謝が増えるということである。
　好循環になる。
　よって、クラスがかなりよくなるという感じである。
　この授業は、学級経営手立ての連続技がつみかさなってできる実践である。例えば、それまでに、プラス言葉、マイナス言葉の授業。信頼貯金。楽しいゲームなどをしていて、学級があるていど仲良くなってから行う。「ありがとう」なんて言いたくないわ。と堂々と授業中に言うよう

な子どもがいるときに、してはいけない実践である。

　ただ、少し言うぐらいならばやってしまってもよいかもしれない。ありがとうがあふれると非常にいい雰囲気になるので、その子もマイナス言葉を言う余地がかなり減るからだ。

　この実践は山本学級の核の中の核の実践である。

> ### 3．楽しいクラスづくり速効スキル（14）
> # WIN×WIN

1．ねらい

①子どもが自分だけが勝ちでうれしいではなく、両方ともうれしいを目指すようになる。

②子どものゆずり合いを強化する。

2．指導手順

前提条件

①教師がゆずっていることが多い。

②子どもがたまにゆずる場面などをみうける。

③5月くらいの指導。

1時間目

①授業をする。（道徳か学級会）

> 　今日は、勝つということについてお勉強をします。
> 　30秒ジャンケン勝負！
> 　二人組で30秒間じゃんけんし続けます。3回勝った人はシールが

Ⅱ　学級経営手立てを使いこなしクラスの絆をパワーアップ　145

もらえます。
　二人組を組んで。5秒前、4、3、2、1、スタート。(30秒)
　3回以上勝てた人？
　OK、授業の終わりにシールをあげますね。
　ところで、このゲームの目的は、青字を読んで、はい。
(シールをもらうこと)
　です。一人が3回以上勝つ必要がありますか。(ありません。)
　そう、思う人？
　勝つというのは、相手を負かすことだけではありません。勝つというのは、自分の目的を達成するということです。
　実は、勝ち負けにはタイプがあります。
　WIN‐LOSE。青字を読んで。
(自分だけの勝ちが一番！相手が負けてもかまわないという考え方)
　LOSE-WIN。
(相手に勝ちをゆずります。負けても平気どうぞ勝ってください。)
　今のじゃんけんでいうと、わざと負けてあげるということね。
　LOSE-LOSE
　(相手を負かすためなら、自分も負けてもいい。道連れの考え方。)
　今のじゃんけんでいうと、わざと、ゆーっくりとじゃんけんをするという感じですね。
　WIN-WIN
　(自分だけでなく相手も大事、両方が満足する方法を探す考え方。)
　両方ともじゃんけんで勝つ方法をあみだすということですね。
　さて、どれが一番幸せですか。
　WIN-LOSE。LOSE‐LOSE。LOSE-WIN。WIN-WIN。
　長い目で見れば、WINWINの方が人間関係をよくしますね。
　ずっと勝ちすぎたら恨まれるときもありますしね。
　さて、もう一度ジャンケン勝負。WIN-WINでやってね。

どうする。(お互い勝たせる。)
　そうですね。
　よーいスタート。(30秒) 3回以上、勝った人。
　青い字を読みます。
　(両方が満足すると一人で勝つよりも大きな喜び)になります。
　相田みつをさんの詩を読みます。はい。
　うばいあえば足らぬ、わけあえばあまる。奪いあえば憎しみ、分けあえば安らぎ。
　自分の帰る用意ができました。全員が揃ってから帰ります。あなたはどうしますか。目的はみんなが早く帰ることですよ。
　どうぞ。(終わっていないところを手伝いに行く。)
　そうする人。めっちゃ優しいね。偉い。お互いの幸せを考えていますね。
　感想を隣の人にいいなさい。
　全員の前で指名なしでいいなさい。
　(ゆずれるとみんなが気持ちよくなるから、いいと思いました。)

2時間目か休み時間

①必ず、ゆずる人がでてくる。
　それをみつけて、ほめる。ほめまくる。すごいねと。
　友だちの手伝いをする人がいてもほめる。
　WIN×WINだねとほめる。

その後・・・

①そのような活動があれば、写真などにとり、学級通信で紹介する。
②ほめ続けていく。

3. この実践を行うとどうなるか

　友だちにゆずる行動、友だちを助ける行動がでてくる。それをみつけたらすかさずにほめて広めていくようにする。ゆずることによって、助けることによって、お互いの得、お互いのうれしいを見つける喜びを感じる子どもがでてくる。

３．楽しいクラスづくり速効スキル（１５）
共有地の悲劇の授業

---

1. ねらい

①物事は少しの乱れからおかしくなっていくのだと知る。
②よい同調を起こすことで集団はよくなっていくということを知る。
③逆に悪い同調をほうっておくと集団は壊れていくことを知る。

2. 指導手順

前提条件
①10月くらいで、子どもがある程度自治的な行動をしている。
②自治段階に必要な「直す行動」を増やしたい時。

1時間目
①授業をする。（道徳か学級会）

　やった！　カニ解禁。先生、カニ好きなんだよね。カニ好きな人？
ところで何でカニ漁禁止日があるの？　必要？　隣にいって。

必要だ！！　エー必要？　たくさん食べたいじゃん。必要ない。
（ここで、必要ないがあれば、仲間だね。じゃあ、カニ漁禁止はなしにしようといって、禁止派をあおる）（子どもは、親が食べられて卵がかえらないと大変ということを主張する。）
　そうか、やっぱり、必要か。
　カニがずっと食べられなくなったらいやだもんな。
　みんなの牧草地。それぞれが牛を飼っています。
　この人が、ちょっとぐらい、多く牛をはなしてもいいですかね。
　いい？　悪い？　なぜ。
（ずるいから。）（みんながまねしていくから。）
　どうなったかというと、みんながちょっとずつ牛をはなし、食べつくし、荒れ地になりました。感想を。
（ちゃんと止めておけばよかった。）
　このような、一人が得をしようと、ぬけがけし、みんながそれをまねして、結局全員が損をすることを共有地の悲劇といいます。いってごらん。（共有地の悲劇）

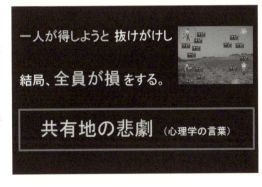

　心理学の言葉です。
　昔からこのような出来事はあります。1918年。富山県、米騒動。
　値下げを強〇すれば、安く米が手に入る。ということが全国に広がりました。
何が入る？
（要）
　そう、強要。強引に取ろうとしたのですね。
　一人が値下げを強要。
　いつしか、うちこわしが広がり、結果、多くの人が入手できないよう

になりました。これを何の悲劇と呼ぶのでしたっけ。
（共有地）
　そう、共有地の悲劇ですね。
　読みます。はい。
（群衆は過激に走りやすい）
　社会心理学者のル・ボンは著書『群衆心理』でこう述べていました。トイレ掃除をしない子がいます。ほうっておくとどうなる？
（みんながしなくなります。）

> みんなが掃除をしなくなります。少しずつひろまって。教室が荒れていきます。そんなクラス、集団にしたい？

（したくない）
　したくないねえ。
　今日は、来年も自分たちでよい集団を作っていくお勉強をしていきますよ。大事なことは、共有地の悲劇を防ぐことです。

> じゃあ、さっきのみんなの牧草地。どうすれば、全滅が防げる？

　班で方法を三つ以上考えましょう。
（話し合い）
　指名なしで意見をいいなさい。
（言わせる。どれも認める。）
　さて、大まかにわけると、次の三つになるように思います。
①がまんする。②やめとこうと注意する。③１家族につき、３頭までとルールを作る。（ルールをやぶったら罰金。）
　一番効果があるのはどれ？　近くにいって。どれ？
（③が圧倒的に多い。）
　トイレ掃除をしない子がいるとき、どうすればいい？
（ルールを作るのが大切。）
　ルールを作る。正しいことを呼びかけるのが大事ですね。

でも、本当にできる。できる人？　いや、厳しい人？

　厳しいよね。できないのは、○○の力が作用しているからだよ。

　事例を紹介しますね。

　秋田県。中高生。雪がふる寒い日。しかし、男子は、みな、ブレザー姿です。コートを着ません。なぜ？

（寒さにつよいからなどがでる。）

　みてみます。読んで。はい。

（コートを着ない方がオシャレ。カッコいいと考えているから。）

　女の子の反応はどうでしょうか。

（カッコいい。）

　わけわからないです。かっこいいとは全く思っていないのですね。

　ちなみに、ブレザーの下は、シャツを４、５枚着ています。寒いから。感想を。

（かっこ悪いです）

　それでも、寒いけどコートは嫌なのですね。新聞にでています。

　学校は着なさいと言っているのです。

　目立ちたくない。男はみんな、着てないからが理由なのです。

　男は着ないに男がながされているのです。

この事例、心理学の言葉で同調といいます。言ってごらん。

（同調）

　掃除をしない人たちを止めにくいのは、少しでも楽したいという人が増え、掃除をしなくていいという同調が強くなるからなのですね。

　表にすると。読んで。

（楽をするために、掃除をしない人がでる。）

（同調者がでる。）
（掃除が行われない。）
（教室が汚くなる。）
（トラブルが増える。）
なのですね。

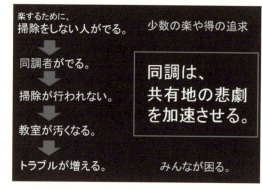

少数の楽や得の追求。そして、最後はみんなが困る。これは、何でしたっけ？

（共有地の悲劇）

なのですね。同調は、共有地の悲劇を加速させるのですね。

同調しないには、どうすればいい？　勇気を出す？

もっと楽な方法がありますよ。

同調しない。同調者をださないヒントとなる実験をしますね。

だまってきいてね。

①と同じ長さの線はどれですか（図省略）。

（Aです。）

（Aです。）

林君は、Aです。これね、実はBなんですよ。通常間違える人は、5％なんですね。でもね。間違いのAを聞き続けたら最後の人は、何％間違えると思う？

（50％）

75％間違えるのですね。みんなに同調して、かなり間違えるのです。同調に負けたらだめですよね。

ただ、一人でもBの正解を言ったら、最後の人は、5.5％しか間違えないのです。

つまり、一人でも同じ考えの人がいるとわかれば、流されないのですね。さて、同調しないにはどうすればいい？　隣に言って。

（仲間を増やす。）

そうですね。同じ考えの仲間を増やす。

何人以上の仲間で動くことが大事ですか？（5人）

一応、2人以上でいいのですが、5人ぐらいいると安心ですね。

その仲間と注意したり、ルールを作ったりすることが大切なのですね。ここまでの授業の感想を同調という言葉を使って言いなさい。

（同調されないことが大事だとわかりました。）

（同調されて、悪い方向にいきたくないなと思いました。）

さて、何をしているの？

（電車をおしている。）

何のために？ 隣にいって。

（人を助けるため。）

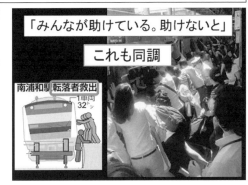

そうなんです。人がはさまっているので、力をあわせて、隙間を作っているのです。これも同調なんですよ。

「みんなが助けている。助けないと」と。ル・ボンはこうもいいます。読みます。はい。

（群衆は時に高い特性を示す。）

これはどちら？

（徳性）

徳性だな。同調には、よい同調もあるのですね。

リオ五輪サッカー。

日本人は観戦後、ゴミ拾いをしています。さて、それをみたブラジル人はどうしたと思いますか。

（ほうっておいた。）

読んで。

（日本人を見習って手伝っているんだよ。）

手伝ったのですね。そして、中国人もごみを拾う流れが生まれたのです。

よい動きは広まるのです。

日本一の学級目標って知っていますか？

読みます。はい。

（一匹狼のたくましさと、野武士の如き集団を。）

赤い字を読みます。

（一匹でも集団に立ち向かっていける）

ようなとぎすまされた神経と力をもった狼になれ。見かけだけの統一を拒否し、なよなよした団結を否定し、

（真に自立した集団を目指せ！）

先生は、これは、「悪い同調に打ち勝て」「真によい集団になれ」と示しているように考えます。

みんなが協力してよい動き、よい同調を作ったからこのクラスはよくなってきた。

来年も悪い同調にひきこまれずに、新たな仲間とよい同調を起こし、よいクラス、集団を作っていきましょう。

<u>授業のポイントと思うこと</u>

①この授業は一言で言うと、「崩れるのは、少しのことから、だから直さないといけないよ。」というのと、集団での生活は「直す」行動が大事なのだよというのと、正しい行動でも必ず止めてくる存在がいるので、それに構わず正しいことをしないと危険な道にはいるよということを教える授業である。

②この授業をつくったきっかけは、クラスがあまりによくなりすぎて、いい行動をしすぎるようになる子がでる。すると、隣のクラスの子が「そんなんせんでいいやん」というようになる。それでやめる子がでると、クラスの雰囲気がまた悪くなっていく。それに負けない子を育てるために作ったのである。

③また、来年度に向けて、必ず集団によっていろいろと雰囲気が変わるので、よい集団を作らなければいけない。よい同調を起こさなければ、今回と同じクラスにはならんよというのを教えるために作った。教えておかないと次のクラスの担任のせいにすることになることもあるかと思ったからだ。

④もちろん、ほとんどは次のリーダーである担任のせいではある。(学校も校長によってかわる。大人もそうなのだから、子どものせいにはできない。)しかしである。それをリーダーのせいにしておわる子どもたちに育てたくはないし、それではその子たちが不幸だ。できるならば、それを改善できる力をもった子どもたちに育てたい。または流されない子どもたちに育てたい。

その後・・・

　自分たちで直す行動がでてくるので、そのときにほめる。

　みんなの前でほめたり、学級通信で紹介したりして、直す行動を広げるようにする。

3. この実践を行うとどうなるか

　自分たちでクラスをよくしようと思うような意識をもつ。

　そして、直す行動が生まれやすくなる。直す行動に対して、「あいつ、いいかっこしいか」などの言葉はでなくなる。(と、考えている。)

　より、教師の支援なしで、がんばろうとする子どもがでてくる。

3. 楽しいクラスづくり速効スキル（16）
クラス曲

1. ねらい

①子どもたちが自己解放できるようにする。
②みんなで盛り上がることができる子に育てる。
③歌うことにはずかしさがなくなってくる。

2. 指導手順

前提条件
①クラスの子が、握手やハイタッチをすることをなんとも思っていない。
②音楽の時間にはずかしがって歌わない子がほとんどいない。
③クラスの仲がよくなりつつある。
④5月半ばぐらいから1か月ぐらいかけて、選び、ゆっくり決めていく。
⑤先生も楽しく、一緒に歌うことができる自信がある。

1時間目
①人が仲良くなっていくためには、みんなと一緒に何かをする必要があります。例えば、世の中の人は何をしていますか。

近くと相談。
発表しましょう。
（ボーリング、カラオケ、飲み会）
そうですね。
②クラスの仲をよく

するために、クラス曲っていうのをしようかなと思っています。みんなで一つの事をするのは仲良くするために大事なことなのでやってみようかなと思っています。もちろんみんな次第です。
したいか、したくないかや、したい人は、またこんな曲を歌ってみたいとかありますか。近くの人と相談してください。

③では、意見をどうぞ。
　（したいです。）
なんの曲とかありますか。（まだないです。）
わかりました。したい人は、「したいです。曲は決まっていません」といってくれたらいいです。続きをどうぞ。
　（したいです。〇〇です。）

※したくない人が１、２人いるときは、理由をきく。なるほど、そうですか。では、やめたほうがいいか。やったほうがいいかをみんなで考えていきましょうとする。近くと相談する。そして、討論をする。

※これで嫌だという人が５人以上いるならば、まだ、それぐらいの仲の良さではないということですね。やめといたほうがいいかもしれないですねとして、やめることもあってもいい。

※ここでは、やりたい意見がほぼ全員ということで進めていく。なお、今まで提案をしてやりたくないと決まったことはない。

やることに決まったら・・・

④では、やるということで決まりました。
　どんな曲がいいでしょうかね。
自分がしたいと思う曲を家からもってきなさい。それをみんなできいてから決めましょう。必ずおうちの人に許可をもらいなさいね。
それと、一人一曲ですからね。選ぶのは。みんながもってくるものの中で選ぶ。あるいは、もってこれないけどこの曲がいいというのがあ

ったら、言ってください。YouTubeで聞かせることができますので。
⑤（もってこさせたら、給食の時間などに聞かせる。）
⑥みんなはどれがいいかなあとかいいながら、やっていく。
   まずは、多数決で４つにしぼる。
   ここからはそれぞれを選ぶ理由をきく。
   その上で多数決をして、再度２つにしぼる。
   後の２つは、討論をさせて決める。
   ※通常、この討論は決着がつかない。ついたらそれでいいが基本、つかない。（今までの経験上ついたことがない。）
   そのうえで、じゃあ、どれぐらいやる気があるのか、休み時間に練習をしてください。そして、上手になってください。みんなの本気度が高いほうを採用したいと思います。

２時間目か休み時間
⑦そういうと２つのチームはものすごく練習をする。休み時間中に。
   ※もう、この時点で半分成功である。盛り上がる。協力して歌いあう。
   ※これを１週間ほどさせる。
   ※２つの曲の歌詞は用意し、１枚ものにしてクラス全員にわたしておく。

３時間目
⑧**再度討論をします。**
   ※すると歌詞がこちらの方がクラスに向いているとか、歌いやすさがこちらの方がいいとかいろいろとあらたな観点をみいだすようになる。
⑨みんな、よく話し合ってくれています。ありがとうね。
   これはクラスのことを両方ともよく考えていますね。
   決着がつかないようでしたら、最後はやはり多数決になります。もの

すごい僅差での決着ならば、10月までは、片方の曲。11月からはもう1つの曲としたいと思いますが、どうですかという。
※これは、討論のさなかにいう。このままいくとそうなるよという。
　いきなりいうと、子どもは嫌がる子もいるので予告をしていくのだ。

4時間目

⑩そして、最後の多数決をする。
　そうして、多いほうを採用する。
　5、6票ぐらいしかなかったら、その人たちにはよく話し合ってくれたね。もし、この曲をクラス曲にしたいと思ったら、また、10月ぐらいに提案してくださいね。そしたら、前の曲になれているので、受け入れてくれる人が増えるかもしれませんよ。提案してくれてありがとうねという。

5時間目

⑪クラス曲が決まったら、音楽の時間をもっていたら、1回は歌うようにする。あとは、はじめのころは、朝の会に1回。学級会の時間に1回。終わりの会の時間にはたまに歌うようにする。
※初期は、サビの部分だけを3回歌わせるなどをしてもよい。あるいは1番だけ。そうして、覚えさせてしまう。全部するのはかなりなれてきてからでいい。
　ほうっておいても休み時間に歌いだす子がでてくる。初期のころは。ここまで討論をして決めているので決まったほうが燃えている。

その後・・・

⑫4、5日して子どもたちにきく。
　何回ぐらいクラス曲歌ったかなあ。10回ぐらいとかいう。
　そうか10回か。といいながら、後ろの黒板にクラス曲10回とかく。

クラス曲は歌えば歌うほど仲がよくなっていきます。

これが100回以上きたとき、クラスはすごくよくなっているよ。という。

⑬そして、たまにテーマ作文で「クラス曲について」というテーマを与えると意識をする。

指導のポイント
①そう簡単に、クラス曲を決めないということである。

ああだこうだ話し合いをしてから決めるから、子どもたちに思い出が残るのである。

②2時間目、3時間目と言っても、45分まるまる指導をするわけではない、15分しか指導をしないときもある。子どもがのっているときは、さらに時間をとる場合もあるが…。

3. 指導していたらよく起こること

①恐ろしくノリノリになっていく。はげしいテンションになっていく。

②しかし、一方でのらない人、のれない人もいる。

それでいい。自然のことである。

しかし、みんなが楽しんでいくとのれるようになっていくものである。もし、大人がディスコにいくとする。みんなが大量に踊っていると、自分もちょっと踊ろうかなと思うのに近い感じがしている。

→なお、盛り上がる意味、盛り上がれる技術？を子どもが身につけておく必要性を教師が感じていない場合はこの実践はしないほうがいい。

③歌を歌うと気分がよくなっていくことも教える。

※普段、先生ご自身が大きな声をだして歌わない人はやめておいた方がいい。先生が歌うから子どもも安心して歌うのだ。

④この実践は、きわめてやけど率が高いものである。無理をしてしなくていいと思う。なお、学年が低いほど指導成功率は高く。6年になるとかなり難しくなる。

4. この実践を行うとどうなるか

　クラスが劇的に明るくなる。ここはコンサート会場かというぐらい明るく、騒がしくなる。続けていれば11月半ばぐらいからそのような明るい状態になる。自己解放が当たり前のようにできるクラスになっていく。この状態になると、朝のあいさつもとっても大きな声で響き渡るようになる。

3．楽しいクラスづくり速効スキル（17）
趣意説明２２２指導

---

1. ねらい

①子どもがよい生き方ができるようにする。
②トラブルなどを減らし、前向きに生きられるように応援する。

2. 指導手順

前提条件
①自分がしていないことの趣意説明は使わない。
②子どもの仲のよさに応じた趣意説明を使う。
③時期に応じた趣意説明を使う。
④全員が納得すると思わないで使う。

1回目
①朝の会などに通信をくばり、読む。
②読んだ後に、「感想を隣の人にいいなさい」とすることもある。
指名なし発表をさせる場合もある。
※時間があるかないか。内容がとても伝えたいかどうかによって、相談をしない、発表をさせない場合あり。
※大事な内容は、学級会や道徳の時間に行った方がよい。また、金曜日には使わない。休みがあり、効果がとてもうすれる。
※具体的内容については、拙著『道徳を核にする学級経営』を印刷して活用していただければと思う。ここにも2枚載せる。

趣意説明1

どんどん関わりを増やそう!

みんなが幸せになってほしいと願っています。
そしてクラス全体が幸せになってほしいと思っています。
そのためには、自分のやりたいようにやっていて、学級が良くなっていくわけはないのです。
一人一人が強く意識し、行動しないかぎり、変わっていきません。

良い学級、良い学校を作っていくためには、一人一人が自分自身を少しずつ変化をさせていかなければいけません。相手ではなく、まずは自分の努力が必要です!!

そのために、まず「一人一人との関わりを増やしていこう」ということをがんばってほしいと思います。

①朝のあいさつに一言付け加える。
「おはよう。今日もよろしく。」「おはよう、休み時間に遊ぼう。」
②人の発表にうなずいたり、いろいろな反応をしたりしてみる。

> ③人の後ろを通る時には「とおるよ」って声をかけてみる。
> ④どうぞ、ありがとうを手紙だけでなく、ふだんのいろいろな場面でやってみる。
> ⑤机運びなどの作業を一人ではなく、声をかけ仲間とやってみる。
> ⑥となりと相談をするときに、相手の目をしっかりみて真剣にきく。時には笑顔できく。
> ⑦クラス曲の時にふだんあまり関わっていない人に積極的に近づき歌ってみる。
> ⑧休み時間に、あまり話したことのない人に話しかけて遊んでみる。（一人じゃ無理なら、二人以上で関わりにいってもいいね。）
> ⑨友だちのいいところを他の友だちに伝えていく。
> ⑩放課後にもクラスの友だちと遊んでみる。
> ⑪カルタをするときに、全力であいさつし、笑顔で握手をする。

　など、できることは山のようにあります。
　まずは教室で、関わりをどんどん増やしていきましょう。そうすると教室がどんどん温かくなっていきます。

> プラスの関わりの多さがクラスの温かさにつながっていきます。

　がんばりましょう。みんなの動きに期待しています。

趣意説明2

世の中は楽しいことばかりか。
～楽を選ぶな。価値のあるしんどいことにチャレンジしよう！～

　世の中が楽しいことばかりならいいなあと思ったことは少なくないと思います。
　でも、基本的に楽しいことばかりではありません。もちろん楽し

いことも多くあります。でも、その

> 楽しいことを手に入れるためには、努力するという価値のあるしんどいことにチャレンジをしないと手に入れられないのです。

　例えば、野球がうまくなりたい。県大会で優勝したいという目標があったとします。そのためには、野球の練習をするという価値のあるしんどいことにチャレンジしなければいけません。当然、優勝チームになりたいのならば、他の野球チームよりも練習にはげまないといけません。

　例えば、将来、お医者さんになりたいという夢があったとします。そうするとものすごくお勉強をしなければいけません。価値のあるしんどいことにチャレンジしなければいけません。

　例えば、テレビにでているアイドルを見て、なりたいなあと思うこともあるでしょう。なろうとすることはとってもいいことですが、その世界は楽な世界なのでしょうか。毎日、何時間もダンスのレッスンをしなければいけないかもしれません。夜おそくにも仕事をしなければいけないかもしれません。もし、人気がなければすぐにやめさせられてしまうかもしれません。ここでいいたいことは先生は、

> 世の中には、楽しいこともしんどいことも、いやなことも同じくらいあるということです。そして、努力なしでうれしいことを手に入れられることはほぼないということです。

　一見、あの人は友だちが多くていいなあとか、あの人は勉強ができていいなあとか思うことがあるはずです。でも、

> その人はあなたの見えない所で、あなた以上にいろいろな努力や苦しいことにチャレンジをしている可能性が高いということです。あなた以上に友だちに優しくする行動をとっていて気疲れしているかもしれない。

ということです。人は努力をしないと成長しません。何かをしないと何かを得られません。子どものころから価値のあるしんどいこと、

努力になれていってほしいと思います。**大人になっても自分で満足できる人生をおくることができるようになるために。**

> 楽を選ぶな。成長のために価値のあるしんどいことにチャレンジしましょう。

2回目以降
①1回目と使い方は変わらない。同じように、読み聞かせをしていく。
②きちんと両手でもって読ませる。ときに、誰かに読ませるなどして、緊張感を持たせる。

3．この実践を行うとどうなるか

クラスの雰囲気が少しずつよくなる。トラブルも少しずつ減っていく。ただ、この実践で全てをよくしようと思うのではなく、きっかけ作りで行っていただきたい。この趣意説明をすると、子どもがわずかにいい動きをする子がでる。そのときに、その子をほめて、そのよい行動を広めていくという感じである。

※趣意説明２２２の全ての内容は、拙著『道徳を核にする学級経営』に載っている。

> 3．楽しいクラスづくり速効スキル（18）
> # ほめ勝負

1．ねらい

①ほめることが当たり前になるようにする。
②ほめることを常態化させる。

2. 指導手順

前提条件

①クラスを仲良くしようという目標が決まっている。
②普通ぐらいの仲のよさである。

1時間目

①授業をする。（道徳か学級会）

> 　友だちと仲良くなるためには、プラス言葉を使わないといけません。
> 　でも、プラス言葉って普段言っていないと使いにくいです。なので、ゲームを通しながらやってみます。
> 　見本です。先生とやってくれる人。
> 　では、Aさんきて。
> 　じゃんけんします。
> 　勝った方が相手を一つほめます。先生が勝ったので、ほめます。きちんと名札をしていてえらいですね。
> 　言われたらありがとうと言います。
> 　（ありがとう）
> 　では、Aさんが何でもいいから先生をほめて。
> 　（いつも勉強をおしえてくれてありがとう。）
> 　ありがとう。
> 　いつもいい姿勢で勉強をしていますね。
> 　（ありがとう）
> 　5秒以内にほめないと負けです。1、2、3・・・
> 　先生の机の上はいつもきれいですね。
> 　ありがとう。
> 　髪の毛を上手にくくっていますね。

（ありがとう）
と、このようにします。
やり方分かった人？
では、やってみましょう。
二人組をくんで。
よーい。スタート。
　（やらせる。）
みんな、上手だね。勝てた人。同点だった人。
同点が一番いいね。ほめ続けているということだから。
　普段、人をほめない人は、恥ずかしいと思うけど、これになれてくると、自然と人を認められるようになっていくよ。
　じゃあ、もう一回戦やろう。同じ班の人で変わってやってみて。
　では、やるよ。はじめ。
　（やらせる。）
　上手でしたね。また、やっていきましょうね。

2時間目か休み時間
①定期的にほめ勝負を行う。学級会のはじめにやらせてもよい。
②ほめるのがうまい子をとりあげてほめる。

その後・・・
①朝学習の一つに組み込むなどをして、ほめるのを当たり前にする。
②できるならば、だれもが見えていることではなく、「自分だけがみつけられるものがあればいいんだよ」と言う。

3．この実践を行うとどうなるか

　人をほめたり、応援したりすることに抵抗がなくなってくる。人をほめる風土が生まれてくる。

　この実践は承認文化の強化でもある。

　慣れていない子は、人をほめるなどがなかなかできない。しかし、このゲームにより、少しずつなれていく。朝学習などにいれるとよい。

```
３．楽しいクラスづくり速効スキル（１９）
月一お楽しみ会
```

1．ねらい

①子どもたちを仲良くさせるために行う。
②子どもたちが仕切る力を高めるために行う。
③みんなで楽しさを共有するために行う。

2．指導手順

前提条件
①なし

1回目まで
　４月３週目ぐらいに第一回を行う。

──── 宣言 ────────────
①来週にお楽しみ会を行います。
　いままでどんなお楽しみ会をしてきましたか。近くの人に言ってみて。

（いろいろときく。あいづちをうって、反応する。）
②どれもいいね。今回は、第一回目ということで、ゲーム系のお楽しみ会をしますね。司会は先生が行います。
　でも、二回目以降は、みんなにやってもらおうかなと思っているので、よくみておくようにしていてね。

──── したいゲームを発表する。 ────

③さて、4月25日の4時間目にする予定です。
　たくさんのゲームをしたいですね。
　まず、どんなゲームをしたいですか。
　教室の中でできるゲームです。指名なしでどうぞ。
　（だるまさんがころんだです。椅子取りゲームです。船長さんの命令です。宝探しです。）
　いいね。言った人は黒板に縦書きで書いていきなさい。同じやつ以外は書きなさい。
　（どんどん指名なし発表させ、書かせていく。）
④では、この中でどんな遊びかわからないものがあるはずです。
　質問をしなさい。指名なしで質問です。どうぞ。
　（宝探しってなんですか。）
　（宝を教室に隠して、みんなが探すゲームです。紙に100点とか書いています。）
　（だれが作るのですか。）
　（だれかです・・・）
　（だれが隠すのですか。）
　（だれかを決めて隠してもらいます。）
　いいね。そうやって、どんどんやろう。
　でも、のこり5分ぐらいだよ。
　（5分後）

───── **ゲームの数を決める。** ─────

⑤では、いくつぐらいしたいですか。指名なしでどうぞ。

　　（4つです。5つです。3つです。）

　　4つがいい人？　5つがいい人？　3つがいい人？

　　2つにしぼりますね。手をあげた人数が多い、4つと5つです。

　　では、どちらがいいですか。近くと相談。その理由も。

　　（相談をする。）

　　では、どうぞ。

　　（4つがいいです。なぜなら、じっくりできるからです。）（5つがいいです。なぜなら、たくさんしたいからです。）（反対です。5つだと、少ししかできません。また、準備の時間がかかります。だから、4つにしておかないとほとんどできないゲームがでてしまいます。どうですか。・・・）

　　（ここは討論になるが、途中できりあげる。）

⑥では、今までの意見を踏まえて多数決で決めます。でないと、お楽しみ会自体がなくなってしまいますのでね。それでいいですか。（はい。）

　　では、4つがいい人。5つがいい人。

　　はい。では、4つが多いので、4つにします。

───── **するゲームを具体的に決める。** ─────

⑦では、どのゲームがいいですか。

　　2回手をあげられます。船長さんの命令したい人、5。

　　椅子取りゲーム、10。宝探し、15・・・

　　では、船長さんの命令と椅子取りゲームと宝探しと落ちた落ちたに決まりました。

───── **順番を決める。** ─────

⑧順番はどうしますか。

どの順番が楽しくできるでしょうか。近くの人と相談。理由も考えてね。（相談）

では、どうぞ。

船長さんの命令１番。落ちた落ちた２番。宝探し３番。椅子取りゲーム４番がいいです。なぜなら、椅子取りゲームは、椅子を用意するのに時間がかかるので、最後にしたほうがいいと思うからです。

（これも少し理由をきいてから多数決で決める。）

⑨では、決まりましたね。みんなよく話し合いに参加しましたね。

大変立派です。当日が楽しみですね。

―― 当日のゲームを行う。 ――

⑩では、お楽しみ会を始めます！！！

（お楽しみ会を行う。）

（教師がしきってささっと行う。）

（この時、盛り上げてくれた人、ゲームが素早くできるようにみんなに声をかけたり、椅子の移動などを手伝ったりしている人を見つける。）

⑪これでお楽しみ会を終わります。

では、席をもどして。

指名なしで感想を言いなさい。

（たくさん言わせる。）

― よかった子を評価する。―

⑫では、先生からの感想です。

お楽しみ会の流れ　概略
①お楽しみ会の宣言
②今までの調査
③ゲーム系でするという。
④どんなゲームをしたいか。
⑤ゲームの質問
⑥いくつしたいか検討
⑦順番
⑧普段からの「みんなを大切にした動き」が大事という。
⑨一つのゲームで練習をする。※しない場合もある。
⑩もりあげ練習
⑪本番を迎える。
⑫反省を後日する。
⑬次回のお楽しみ会の日程を示す。

みんなが楽しんでもらってよかったです。

ところで、先生は素敵な人を何人もみました。ただ、お楽しみ会を楽しむだけでなく、盛り上げたり、運営が早くなるように助けた人がいるのです。

言っていきますね。

林君。林君は、とっても盛り上がってくれました。「いえー」とか大きな声でやってくれて、盛り上げてくれました。とっても楽しい雰囲気になりました。ありがとう。

河南さん。河南さんは、みんなが椅子取りゲームの椅子を準備するときに、一人入りにくそうにしていた人に「ここだよ」といって、入れてあげました。とっても優しいです。そういうことに気が付くのがいいね。そういうことに気が付かないと入れなかった人は、悲しくなって、お楽しみ会でなくて、その人にとっては、お悲しみ会になってしまいますね。

それに……。

（よかった人を発表していく。）

⑬すばらしかったね。次回は、みんながやっていくんだよ。司会は先生しないからね。まねしてできたらいいね。

そして、それができれば、みんなはさらにみんなのことを考えて行動できるようになっていくよ。

※次回からは、少しずつ手を放していき、4回目ぐらいには、子どもたちだけでこのやりとりができるようにする。指名なし学級会ができるようになる。

当日

①前の時間に板書をさせる。華やかにさせる。
②予定通りにお楽しみ会を行う。

第一回目は、教師がしきる。

思い切り盛り上がって、お楽しみ会を行う。

（お楽しみ会、みんなで踊る。）

2回目
①同じようにさせる。少しずつ子どもに任せていく。

その後・・・
①毎月1時間は行うようにする。

お楽しみ会のポイントと思うこと

お楽しみ会のポイントと思うこと。3種類ある。
①ゲーム系
②出し物系
③バザー系

の3つである。

ゲーム系は、あっという間にできる。準備もいらない。

出し物系は、練習がいる。クイズやお笑いや手品などである。

バザー系は、お店やさんである。これも準備がいる。

どれもいいのであるが、ゲーム系や出し物系の方がクラスの子どもを鍛えられるので、①と②を体験させてあげるのがいい。

③でももちろんいい。

今までの学級で何をしてきたかによって、お楽しみ会にしたいことは変わる。それは、子どもに任せるといい。

3. この実践を行うとどうなるか

クラスの雰囲気がとてもよくなっていく。とても仲良くなっていく。

盛り上がる大切さ、司会言葉をいう大切さを実感するようになる。

また、トラブルがあった時に、どのように解決すればいいかを真剣に考えるようになる。

子どもたちの自治に絶対に欠かせない手立てである。

3．楽しいクラスづくり速効スキル（20）
クラスをよくする委員会

1．ねらい

①自治力を高めるために行う。
②リーダー集団を鍛えるために行う。

2．指導手順

前提条件
①クラスがとても仲良くなっている状態の11月ぐらいから行う。
②5人ぐらいは、参加してくれるだろうと予想ができるとき。

1時間目　決める
①自然に何かがよくなる、よい事がひろまるということは実は、かなり厳しいことです。何らかの働きかけが必要です。
②学校であいさつ運動をしています。何のために？
　あいさつを広めるためですね。
　そして、ずっとしていますか？
　していないですね。
　なぜ？

それがあたりまえになってほしいからですね。
③運動から、習慣になってほしい。
　だから、ずっと続けるのも違う。
　1、2ヶ月でやめるのが理想です。それでできなければ、またするのもいいです。
④しかし、いずれにせよ活動をしないで何かよいことがひろまるということはまずないのですね。
　だから、このクラスをさらによくするために、みんなにも何か運動をつくってほしい。
⑤このクラスはかなりよくなっているので、さらに一歩よくするため、そして、来年のよくする仲間を作るためにもやりたいと思います。みんな次第です。さて、どうしますか。
　（相談をさせる。）
⑥なお、がんばっている人をたまにからかう人がいるかもしれないし、とめる人がでてくるかもしれないが、それも知っておいて、進めていきましょう。
⑦少し、時間をとります。考えてください。
　（1分30秒ほど相談タイムをとる。）
⑧ふせてみてください。やってみたい人。
　※ふせさせるのは、友だちに流されてやるのをふせぐため。
⑨では、顔をあげて、再度ききます。やってみたい人。
　ありがとうね。では、そのメンバーは集まってください。他の人は、本読みをしておきましょう。
⑩そういって、集めて、子どもたちだけでクラスをよくするために、何が足りなくて、何が必要だと思うか、考えてみようとふる。
⑪あとは、子どもに考えさせる。
⑫じゃあ、考えておいてね。

2回目 提案を考える日を決める。

　では、次に、いつ話し合うか決めようか。
　休み時間か放課後にするのがいいね。
　いつするか話し合ってください。
（話し合って決めさせる。）

3回目 提案を話し合い、決めていく。

①では、話し合いましょう。問題を考えてきてくれたかな。
　指名なしで話し合って、決めていきましょう。

　（これは放課後に話し合っているようす。）
②いろいろと検討をして、話し合わせる。
　決まったことは実施をさせていく。

その後・・・

①話し合いを繰り返し、決まったことを実行させていく。

指導のポイントと思うこと

①10月10日ぐらいにする。（運動会終了後）
②5人以上立候補がいればする。できれば、7人以上。

③メリットとデメリットを伝えた。それでもしたい人を募集する。
④放課後、よくする委員会の中で、このクラスの課題を考えさせた。そして、どうすればいいかを考えさせた。

その後、3チームほどにわけて、それぞれのチームで新たな動きを一つつくれといった。
⑤通信で励まし続けた。
⑥よくする委員会でない人は、フォロワーに徹しろ、協力するべきとといた。

（町内会で、草むしりや道路整備をするのに、自分だけでないで、のんびりとしているのと同じだということを伝える。

やむをえない事情ならば仕方がない。しかし、自分が助かることをしているのだから、お礼をするのが当たり前、余裕があるならば手伝ってほしい。）
⑦辞めたいと思ったらやめさせたらいいということ。ただし、理由はきちんときく。
⑧人数が今回は、15人と多かった場合、3つぐらいのチームにわける。そして、それぞれがいいことをしていくことをするようにいうといい。

3. この実践を行うとどうなるか

クラスがとても自治的になっていく。

自治の能力を高める子がでてくる。

この実践は、自治に向かっていくために、私にとって欠かせない学級経営手立てである。

このメンバーには、集団がどうなったら崩れるか、どうなったらよくなるか、教師の指導技術も教えていく。ミニ先生を作っていく感じである。

3. 楽しいクラスづくり速効スキル（２１）
ミラーゲーム

1. ねらい

①表現活動になれさせる。
②ダンスをすることに抵抗をなくすことができる。
③クラス曲をさらに活性化させることができる。

2. 指導手順

前提条件
①握手、ハイタッチがはずかしくなくなっている。
②６月以降でクラスがある程度楽しい雰囲気になっている。
　（高学年は、７月以降のほうが望ましい。）
③船長さんの命令ができる。

１時間目
①授業をする。（体育）

> 　ミラーゲームをします。
> 　二人組を組んで。組んだら座ります。
> 　その二人でじゃんけんします。勝った人？　負けた人？
> 　勝った人の動きを負けた人はまねします。
> 　１分間、勝った人は、どんな動きでもいいからしてくださいね。負けた人はそれをまねしないといけません。
> 　では、勝った人、動く準備はいいですね。負けた人もまねする準備はいいね。

よーい、はじめ。(やらせる。)
 はい、では今度は、負けた人のまねをします。勝った人が。
 よーい。はじめ。(やらせる。)
 この二人組とっても上手。やってみてください。
(やらせる。)
 うまいね。とっても。相手の動きを鏡のようにまねするからミラーゲームっていうんだよ。体育でやっていくからね。おもいきり動いていいからね。
 では、違う二人組を組んで。やってみましょう。(やらせる。)
 では、班でやってみましょう。班で集合して座ります。
 班長手をあげて、班長の動きのまねをしますよ。(やらせる。)
 では、交代しましょう。2番の人がやりますよ。
　(何回かやった後に「全体の前でやりたい人？」といって、希望者一人を舞台にたたせてやる。するとみんなが舞台の人のまねをして、ダンスをしているようになる。)
 ※全体の前で一人でするのは、3回ぐらいやった後でもいい。第一回目からしなくてもよい。

2時間目か休み時間

①体育の時間のはじめの5分ぐらいに何回かやらせるようにする。基本的に二人組でいい。
②このミラーゲームをしたときに「恥ずかしくなかった人？」ときく。そして、恥ずかしくなくなってきた人をほめる。「とってもいいね。ダンスの練習の基礎的な練習にもなるからね。いいね。」と言う。

その実践1か月後以上

①定期的に体育の時間にやらせる。
②学級会の時間にゲームとして扱ってもよい。

3. 指導していたらよく起こること

①恥ずかしがって動けない人がいる。
→はじめのうちはほうっておく。少しずつなれていく。
　ただ、あまりにも恥ずかしがるようならば、2、3回して終わりにして早めにきりあげる。

②高学年の女子ならばなんでしないといけないのですかのような態度をとる。
→やっている途中に趣意説明をいれる。「これは、ダンスの動きの練習になりますからね。また、体育の体ほぐしの運動の一環です。」と言う。なお、あまりにもでるようならば、このゲームをするにはふさわしくない仲の良さといえる。おそらく、握手やハイタッチをするのに抵抗がある子がまだいると思われる。しないほうがいい。

4. この実践を行うとどうなるか

　表現すること、おどることになれるようになる。また、盛り上げることも当たり前のようになっていく。毎回毎回するものではないが、表現することになれさせたいときに、たまに使うと効果を発揮する。

3．楽しいクラスづくり速効スキル（22）

チーム名＆チームかけ声

---

1. ねらい

①子どもの結束力を高める。
②盛り上げる力を高める。

2. 指導手順

前提条件
①ふれあいあいさつが当たり前にできる。
②さよならの後に、班でまとまってあいさつをしている班が1班以上生まれている。
③班でかけ声をしてみたら、といって、がんばるぞ、オーなどと体育の時間に一度くらいはしている。

1時間目
①友だちとさらに仲よくなるために、チーム名をつけてみたいと思います。ちょっとどんなチーム名がいいか班で決めてごらん。
　ちなみに、いやなら、そのままでもいいからね。その場合は、○班とそのままにしてもいいよ。
※通常、朝のふれあいあいさつが当たり前にできて、さよならの後に班でハイタッチをしながらあいさつをしている班がチーム名をいやがることはない。仮にいやがっても1班ぐらいであろう。
②チーム名が決まったら、黒板に書きに来てね。そういえば、今までのチーム名を見本のために教えておくと、ファイヤーチームとか、ゴクウチームとかすみっこぐらしチームとか、もうすきずきやったよ。
（書かせる。）
③みんな、いいね。じゃあ、ついでに、かけ声も決めたらいいよ。〜〜〜〜オー、みたいな感じで。
（相談させる。決まったら黒板に書かせる。）
　じゃあ、何回か練習してみてね。
（子どもが練習をする。）
④よし、じゃあ、どんなのかやってみて、1班から。
（ピカピカチーム、ピカピカ、ゴー！！）

2班。(みんなでがんばるぞ、オー！)
　3班。(ファイアー、ボー！！)
　4班。(元気いっぱい、フォー！)
　(この調子で全班やらせる。)
　みんな、いいね。なんか、もう盛り上がってきているね。

2回目　その日の終わりの会。

　では、あいさつをします。全員起立。
　あいさつをした後は、班であいさつをいつものようにしますが、その後に、せっかくだから、班のかけ声を使ってみてね。
　さようなら。(さようなら)
　(子どもたちがかけ声を使っていく。)
　(それをみて、ほめる。)

その後・・・

①終わりの会でかけ声を使っているところをほめ続ける。
②体育の時間にも班で活動をさせるときは、使ってみたらと声をかけて、使っていたらまたほめる。

3. この実践を行うとどうなるか

　クラスがさらに盛り上がっていく。体育の時間にかけ声を使うようになっていく。お楽しみ会もさらに盛り上がるようになる。
　子どもはけっこうかけ声を楽しんで使っている。また、チーム名も自分たちで考えるのが楽しいようだ。
　なお、1班ぐらいは、もじもじして、作らないことなどもあっても、最終的には作るようになる。ほかの班が楽しそうだからだ。

3．楽しいクラスづくり速効スキル（２３）
二人三脚

1．ねらい

①子どもの仲をよりよくするために行う。
②声のかけあいやアドバイスをうむ空気を作る。

2．指導手順

前提条件
①10月以降でかなり仲良くなってから。
②男女で組むのがほとんど当たり前になっている。
③3年生以上が望ましい。（2年生でもできないことはない。）

1時間目　体育の時間

①いろいろな準備運動をさせる。
　体じゃんけんやけんけん、増え鬼や手つなぎ増え鬼など。
②二人組を組みなさい。組んだら先生の前にその二人で並びます。
　えらいね。男女のところもあるね。大事です。
③違う二人組を組みなさい。
　すごい、さらに男女で組んでいますね。
　二人三脚をします。
　先頭から道具をとって、つけます。
　つけたら、とにかく歩いてみなさい。
④集合。
　その場で行進をします。

そうそう、それが大事ですね。「1、2」と言っているチームがいますが、そういうのがいいね。

もうちょっとその場で足踏み。

そうそう、そのかけ声ですよ。

では、半周したら戻っておいで。

⑤では、少し競争します。

みんな一列にならんで。あの線までが競争です。こけないようにね。

こけるときは、きちんと手を前にするんだよ。顔をうたないように。

⑥よーい、どん。

※肩を組んでいる子がいるかをみる

⑦すごい、肩を組んでいる子がいる。それのほうが早くいけますね。しかも、はずかしくなさそうだったのが、えらい。

2時間目か休み時間

①二人組での二人三脚を少しさせる。

②いよいよ、今日は3人組です。

組んだら、並んで座ります。

必ず、異性をいれます。男、女、男みたいな感じです

③では、つけたら、近くを少し歩いてごらん。

④では、運動場を1周しましょう。できるかな。

（③であまりうまくできなさそうならば、バスケットゴールまで移動し

ましょうぐらいの近距離にしておく。）

その後・・・
①たまに、二人三脚をいれる。
②からだほぐし単元の一部で使うとよい。

ポイントと思うこと
①今回ここにのせたことは、かなり粗くのせている。二人組で「その場で足ふみ何回できるかな。」などもいれたり、途中で苦手そうな子がいたりするならば、無理せず二人組のままにさせるなどの配慮は必要である。
②技術的なことだが、3人でさせるときの真ん中の子は、両隣りの子と肩を組んではいけない。こけたときに、顔から落ちることになるから。片手は必ずはなしなさいという。
③昔は、まあまあこの実践に力をいれていたが、最近は2学期の運動会が終わった後のお楽しみとして、そして、クラスのふれあいを増やす実践としてやる程度である。
　男女でやっている子をみたら、とくにほめまくる。

3．この実践を行うとどうなるか

　クラスで肩を組むのがなんとも思わない子がでてくる。
　また、ふれあうのが当たり前になってくる。子どもの仲が一段とよくなっていく。これをずっとしておくと、かけ声のときに、肩を組むチームがあらわれる。

3. 楽しいクラスづくり速効スキル（２４）
よいクラスの動き段階表

1. ねらい

①どういう動きをしたらクラスがよくなるかを教える。
②集団にはさまざまな人がいて、リーダーに助けられていることを知る。
③少しでも人の役に立とうかなと思うようになる。

2. 指導手順

前提条件
①クラスの仲がある程度よい。
②リーダー的な子が３人以上はでてきている。

１時間目
①クラスがよくなるには、人のために動くことができる人、先を読める人が増えることが大切です。
　ちなみに、これはクラスというよりも人が集まるグループならば全てに当てはまります。大人でいえば、会社の社員などでも当てはまると思います。
　立場が違ったり、場所が違ったりすればいろいろと変わるでしょう。例

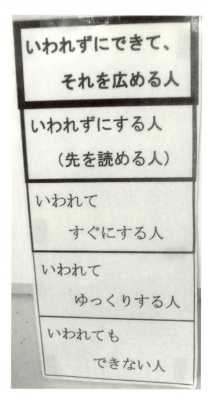

えば、学校でなら言われずにできる人でも家の中では、言われてゆっくりする人がいるなどです。

②実は、集団というのは、5つの段階の人がいるのです。
読んでみましょうね。

> **言われずにできてそれを広める人。**
> （言われずにできてそれを広める人。）
> **言われずにする人。**
> （言われずにする人。）
> **言われてすぐにする人。**
> （言われてすぐにする人。）
> **言われてゆっくりする人。**
> （言われてゆっくりする人。）
> **言われてもできない人。**
> （言われてもできない人。）

③みなさんは、学校では今どの段階でしょう。近くの人に言ってみて。
（話し合う。）

④言われずにできて、それを広める人もいるよね。だれ？
（林くん。本吉君。三上さん。井上さん。）
なるほど、確かにいろいろと言ってくれているね。ありがたいね。

⑤わかると思うけど、上の三つのところにいる人が多くなればなるほどクラスにはトラブルが少なく、平和で、優しい人が多くなります。
だから、いごこちがいいクラスとなっています。
逆に下の二つの人が多ければ多いほど、自分のことしか考えられない人が多いので、そういう人は友だちのことも考えられる人が少ないのでクラスのトラブルが増えていきます。

⑥先生は、今、一番上の段階の人がクラスに増えてきているのをみてとてもうれしく思っています。
それだけクラスが楽しくなってきているしょうこだからです。

Ⅱ　学級経営手立てを使いこなしクラスの絆をパワーアップ

がんばってくれている人、ありがとう。そして、どんどんと上の段階に進んでいって、人として成長をしてほしいと思います。信頼もたくさん高まると思います。がんばってね。
⑦感想をとなりの人にいいなさい。
（話す。）
⑧指名なしでどうぞ。
（上の段階を目指そうと思いました。）
（自分は、いわれてするのでもっとがんばろうと思いました。）

その後…
①この表を前面の壁のどこかにはっておく。
そして、この行動をした子をほめる。「今、広める行動をしたね。ありがとう。」といいながら。
②たまに、テーマ作文で「広める人」などというテーマで作文を書かせ、振り返らせる。

3．この実践を行うとどうなるか

子どもにとって、最高の動きは、先生の言うことをきくことだと思っている子がいる。大人でもそう思っている人がいるが、違う。
友だちやみんなのことを考えて、いろいろなことを呼びかけたり、手伝ったりすることが最高の動きである。放課後に友だちの家などで片づけようと呼びかけたり、くつをそろえようといったりするならば、すばらしいと思っている。（いやみにならない程度に。）
いうなれば、先生と同じような動きができていればいいのである。
この実践は私の指導の中でもかなり重要な指導である。
自治指導には欠かせない実践である。
6月以降によく扱う。

3．楽しいクラスづくり速効スキル（25）
アンケート合体テーマ作文

1．ねらい

①アンケートについての内容を真剣に考えさせることができる。
②アンケート内容が学級についてなので、学級がよくなる。

2．指導手順

前提条件
①クラスがある程度仲がよい。
②アンケートの内容についての話を一度はしたことがある。

1時間目
①アンケート作文をしますね。
　紙をわたします。もらったら名前を書きます。
　1、教室に入るときに、元気よく大きな声であいさつをしている。○か×か書きなさい。
　2、班の人、全員の目をみて、あいさつをしている。○か×か書きなさい。
　残りも書きなさい。
②できた人は、見直し。
　この○と×をつけてみて、思う事を隣と話しなさい。
　（1分ほどとる。）
③では、指名なしで発表します。
　（○が多かったですが×があったので、それを直したいと思いました。）

（×が多かったです。なので、直したいと思いました。）
　今、直したいといった人がいましたが、すばらしいですね。
　人間らしいです。うまくいかないこともありますよね。先生も全部なかなか〇にならないですよ。
　でも、えらいなあ。そういうふうに直そうと思うなんて、えらいね。何がうまくいかなかったの？
　（マイナス言葉が多いです。）
　ああ、そうですか。自分でそう思っているんだね。すごいね。でも、先生はそんなにわるいと思わないけど、自分的にはそうなんだね。
　では、もう少し指名なしでどうぞ。
（発表させる。）

④よく発表しました。では、そのアンケートに作文を書くところがあるでしょ。今発表したような事を書いたらいいですね。そのアンケートをつけてみて思ったことなどを書きましょう。
　5行書けたら発表しなさい。
　（5行書けた子に発表させる。見本とする。5人ぐらい。）
　では、残りは宿題としますね。今日ははじめてなので、授業中にやりました。
　これをたまにつけると、生活の態度がよくなって、友だち関係もよくなりますよ。
※残りは宿題でやらせる。
　そして、学級通信で紹介するようにする。いい子の作文を。そうして、いい行動が大切だなという雰囲気をつくる。

その後…
①定期的に、同じ内容の宿題をだす。
②このアンケートのことをしている子がいれば、ほめる。
③学級通信で友だちのよい文章を紹介する。

3. この実践を行うとどうなるか

仲良くしようとする行動を起こすようになってくる。また、自分が行動を起こしていないからまだまだクラスが仲良くなっていないのだなあということがわかってくる。

このアンケートを作ったのは、やることを一つ一つ口頭や挙手で確認をするとうっとうしい感じが残り、やらされ感がでてくるので、それを防ぎたいのがあった。このような紙にすると、少しはうすまると考えている。

2週間に1度くらいでいい。ちょっと強化したいなと思ったら、二回続けるのもありだと思う。

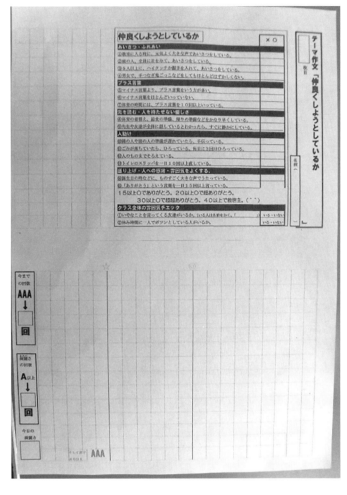

仲良くしようとしているか	× ○
あいさつ・ふれあい	
①教室に入る時に、元気よく大きな声であいさつをしている。	
②班の人、全員に目をみて、あいさつをしている。	
③5人以上に、ハイタッチか握手を入れて、あいさつをしている。	
④男女で、手つなぎ鬼ごっこなどをしてもほとんどはずかしくない。	
プラス言葉	
⑤マイナス言葉より、プラス言葉をいう方が多い。	
⑥マイナス言葉をほとんどいっていない。	
⑦体育の時間には、プラス言葉を10回以上いっている。	
先を読む・人を待たせない優しさ	
⑧体育の着替え、給食の準備、帰りの準備などをかなり早くしている。	
⑨先生や友達が全体に話しているとわかったら、すぐに静かにしている。	
人助け	
⑩隣の人や班の人の準備が遅れていたら、手伝っている。	
⑪ごみが落ちていたら、ひろっている。毎日に3回はひろっている。	
⑫人のものまでそろえている。	
⑬トイレのスリッパを一日10回以上直している。	
盛り上げ・人への感謝・雰囲気をよくする。	
⑭誕生日の時などに、ものすごく大きな声でうたっている。	
⑮「ありがとう」という言葉を一日15回以上言っている。	

15以上○でありがとう。20以上○で超ありがとう。
　　　30以上○で超超ありがとう。40以上で救世主。(＾＾)

クラス全体の雰囲気チェック	
①いやなことを言ってくる友達がいるか。(いる人は名前をかく。「　　」)	いる・いない
②休み時間に一人でポツンとしている人がいるか。	いる・いない

3．楽しいクラスづくり速効スキル（２６）
一月全員一筆箋

1. ねらい

①教師自身が子どもに関わり続ける習慣をつける。

②子どもにプラスストロークを行う。

③子どもを見る目を養う。

④子どもとの信頼関係を築く。

2. 指導手順

前提条件
①なし

ある休み時間などに
①とにかく、毎日２枚は書くと決める。

　備忘録に、毎日２枚は書くという欄をつくる。

　できたら線で消すようにする。

②20日×２枚で40枚。

　40枚は月に書けるはずである。

　それだけのプラス行動を子どもに書けるようにする。

③これは、いそがしいときでもする。

　いそがしさにかまけて、子どもをみない、子どもにプラス行動をしないという習慣を防ぐためなのもある。

　※どうしても無理ならば、次の日に４枚書くなどする。

ポイントと思うこと

① 一筆箋は、購入したもので、しかもカラーのものがいい。
　私は昔、お金をケチって、印刷をしたものをしたが、やはりそれでは味気がないし、子どもの喜びが少ない。一筆箋のお金ぐらいケチっていたらいい仕事はできない。

② ひたすら一筆箋を書き続けていく。ネタがなくても書く。それが大事で、そうすることによって、子どものことをよくみるようになる。

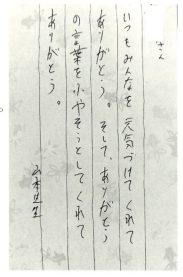

③ 私は、人の気持ちがわからない方である。正確にいうと空気をあまりよめないタイプである。
　空気をよんでこう動けといわれてもなかなかできない。しかし、子どもたちにプラスの行動をしろ、そのために、一筆箋を毎日2枚以上書けというのはできる。
　私に向いている方法である。

※なお、もとから子どもが好きな人や子どもの動きがよくわかる人はこのような方法をとらなくてもいいのかもしれないが、やって損はないと思う。

3. この実践を行うとどうなるか

　クラスの子どもが少しずつ自己肯定感が高まる。
　教師との関係もよくなる。

> **大事なことは、みんなに配るということである。**

　子どもたちみんなに、先生はいいところをみてくれているんだなと思

わせることである。

　当たり前のことであるが、教師がプラス行動を子どもに与えるからそれを子どもは返してくれる。

　今までにマイナスの行動をうけてきた子どもはなかなか反応がない。それが当たり前である。しかし、やはり進めていく必要がある。なお、自己肯定感が低い子には、たくさん送り続けるようにする。月に３枚以上書くのもいいと考えている。

> 3．楽しいクラスづくり速効スキル（27）
> # テーマ作文でよいところ確認

1．ねらい
①作文を書くことでよいところを強く意識することができる。
②よい行動をしようと思うことができる。

2．指導手順

前提条件
①テーマ作文を始めている。
②よい行動をするがいるクラスの状態になっている。

1時間目
①国語の時間に、テーマ作文を配る。

　　今日のテーマは「〇〇さんのよいところ」です。テーマの欄に書きなさい。〇〇さんは、だれでもよいです。このクラスの中の人のよいところを書いていきましょう。

※どうしても書けない人は、家族のいいところでもいい。
②では、5行書いたら発表しなさい。見本となります。
　（美織さんのよいところは、だれに対しても優しいところです。前に、隼矢くんがこけていたところを助けていました。とっても優しいです。それに、落ちているごみをよくひろっています。すごいと思います。）
　そうですね。そういうのでいいのです。他にもどんどんどうぞ。
　（5、6人に発表させて、書き方を示す。）
③では、残りは宿題で書いてきてくださいね。

その後・・・
①宿題で書いてきたものをチェックする。
　いいものは、みんなの前で紹介する。
②また、学級通信でも紹介をする。
③週3日ペースでテーマ作文を書かせているときは、月に2回ほどそのようなテーマで宿題を書かせる。

指導ポイントと思うこと
①例えば、「ありがとう」をたくさん言っている人というテーマにする。
　そうすると、クラスでありがとうをたくさん言っている人を考える。そして、すごいなあという感想がでる。そこで多くは自分も言おうかなあと言うようになる。「ありがとう」を言うことを意識できる。
②例えば、「となりの人にきちんとあいさつをしているか。」とすると、あいさつをしているかどうかを書く。
　そして、となりの人はすごいとか、自分はもっとがんばらねばと書くようになる。また、あいさつを意識できる。
③テーマ作文は、定期的に意識させることができるすばらしいツールである。

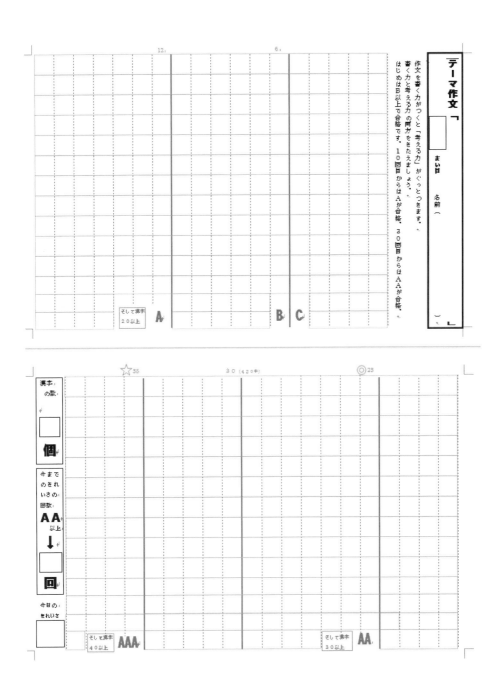

3. この実践を行うとどうなるか

　友だちのよいところをみつける習慣が生まれる。自分もあの人のようにいい人になりたいと思うようになる。
　これもまた承認文化を強くさせたり、よいことをしようと思わせたりする手立ての一つである。この実践もハッピーレターやありがとうの授業をしていると、効果が高まっていく。
　学級経営手立ては、連続技で使うと効果がある。
　テーマ作文の実物資料（ワードで作成して、印刷をするといい。）

３．楽しいクラスづくり速効スキル（２８）

みんな遊び

---

1. ねらい

①子どもたちで仲良くさせる。
②みんなで動く方法を教える。
③仕切る子をだすために行う。

2. 指導手順

前提条件
①４月２週目以降。

1時間目　みんなで決める
①クラスの仲をよくするには、何をしていく必要がありますか。隣の人にいいなさい。

②指名なしで意見をどうぞ。
（遊ぶ、助ける。応援する。）
③そうですね。だれかがいいましたが、遊ぶというのはとっても大事なことです。遊んでいるうちに助け合いやおもしろいことが起こっていき、仲良くなっていきます。
④クラスが仲良くなっていったらいいなあと思う人？
⑤そうだよね。そのために、みんな遊びというのを行いたいと思います。もちろん、これ以外の方法でもかまいません。目的はみんなが仲良くなるです。
　みんな遊びをしてもいいという人？　したらだめだという人。
　※したらだめだという人がいれば、理由をきく。
　　自分の遊び時間が減るというならば、確かに少し時間が減りますね。じゃあ、「みんなと仲良くなると自分の時間が少し減るという理由ならば、自分の方がみんなよりも優先したいという意見になりますが、それでいいのですね。」ときくぐらいはする。
　　基本、みんな遊びをすることへの賛成が多くなるのです。反対派がある程度いるならば、遊ぶ回数を減らすことを提案したらいいよという。
⑥それでは、みんな遊びをします。まず、週に何回ぐらいしたいですか。近くと相談。
⑦1回がいい人。2回。3回。4回。5回。
　一番多いのは3回ですが、これでいいですか。反対がある人はどうぞ。
　（ここで討論をさせてもいい。）
⑧では、3回と決まりました。
　次は、何曜日にするか、何時間目にするかですね。
　次の時間が体育の時は、やめておいたほうがいいと思いますので、空いている時間をいいますね。
　月曜日の2時間目、火曜日の2時間目と昼休み・・・ですね。

では、この中で３回選びます。どこがいいか近くと話し合いなさい。
⑨多数決で決めますよ。
　　では、月曜日の２時間目がいい人。・・・
　　決めていく。
⑩では、この三つの時間に決まりました。
⑪次に、どんな遊びをしたいかですね。外で遊びたいことを指名なしでどうぞ。
　　（ドッジボールです。おにごっこです。氷鬼です。）
　　はい。いいね。言った人はどんどん黒板に書いていきなさい。同じ遊びは書かなくていいよ。
⑫15個ほどでたね。したいことがあるのはいいことです。
　　でも、全部はできませんね。なので、多数決で絞ります。
　　では、一番したいものに手をあげてね。ドッジボールがいい人。鬼ごっこがいい人。・・・
⑬と、いうことで、増え鬼が14、ドッジボールが９。だるまさんがころんだが６。氷鬼と増え鬼が２ずつでした。みんなは週に３回したいといったので、増え鬼、ドッジボール、だるまさんがころんだに決まりましたね。
　　何曜日にするかは後で決めようね。
⑭では、次に、雨の日の遊びを決めましょう。
　　（同じように決める。）

みんな遊び、班遊びでクラスを良くしよう！

目的
①みんなが楽しみ、楽しみ、仲良くなるために行う。
②団結して、楽しむことを学ぶために行う。
③一人一人のいいところを見つけるために行う。

やるゲーム

	月	火	水	木	金
晴れ	ハンター	班遊び	ドッジ		けいドロ
雨	山あらし		ハンカチ落とし		いすとりゲーム

※１・班遊びは、「給食の時間に決めておく」こと。
※２・班遊びは、基本、１番、２番、３番、４番、の順で優先的にその番号の人が決めていく。

⑮では、やる曜日を決めましょう。
　（これも多数決で決める。）
　と、いうことで決まりましたが、何か言いたい人いますか？　特にない人？
　OK。みんなの了解を得ましたので、これで進めていきます。もし、何かをかえたい人は、基本、1か月がたってから申し出てくださいね。
※決まったら、掲示物を作る。子どもに作らせてもよい。私は、よくパソコンで作っている。

2時間目か休み時間　実施
①教師がしきりながら実施していく。
　集合をさせて、すわらせて。
　鬼ごっこならば、鬼を確認する。やりたい子が多い場合は、王様じゃんけんで決める。
　そして、実施をさせる。
②終わったら、教室で確認をする。
　何か不都合がないか。
　鬼が多すぎるならば、少し多くするかどうかの検討をする。

その後・・・
①定期的にみんな遊びを続けていく。
②2学期の半ばには、するゲームを変えるようにするとマンネリ化も防げる。（これは、子どもにきいて、変えたくなければ、そのままでもいい。）

3. この実践を行うとどうなるか

　クラスみんなでまとまることの大切さと楽しさを実感できる。また、

先生がしきらないときに、だれかがしきるようになっていく。
　一人ぼっちの子が減っていき、楽しい雰囲気に包まれる。低学年は、必ずやるようにしたほうがいい。友だちを自分から増やす行動ができない子がいるためである。

> 3．楽しいクラスづくり速効スキル（29）
> # よい書き

1．ねらい

①クラスをよい雰囲気にする。
②子どもにプラス行動をする習慣をつくる。

2．指導手順

前提条件
①子どもの仲がかなりよい。
②プラス行動をすることがある程度習慣になっている。

1回目　放課後
①放課後に残っている人に、「みんなに何かプラスのメッセージを書いてもいいけど、書く？」ときく。
　（子どもたちは書くという。）
　※基本的にお楽しみ会で書きまくっていて、クラスの仲がよければこれは書こうという子がでてくる。いなければ、それまで、また日をおいてきいてみればいい。
　（書くといってくれたら、まかせる。）

②次の日の朝、「こういうプラスの言葉を書いてくれる人がいるとうれしいね」といってほめる。また写真もとる。
「こういうのを書くのは気分がいいから、放課後に書きたい子がいたら、書いていいよ」という。

2回目

①今日も書きたい人いる？　と聞く。
やってくれる人に感謝の言葉をいう。
※ただし、5分間だけという時間を設定する。そうしないといつまでも残る子がでてくるし、凝り固まる子がでる。

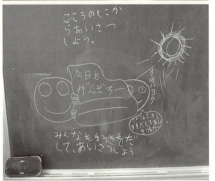

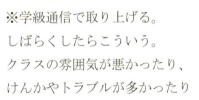

※学級通信で取り上げる。
しばらくしたらこういう。
クラスの雰囲気が悪かったり、
けんかやトラブルが多かったりすると、落書きがうまれます。いたずらも起こります。
しかし、逆にいいことがあふれると、よい書きや利他の行動が生まれるのですね。
ありがたいことだね。よい書き。

その後・・・
①何回か書かせていると、もう勝手に書くようになっている。ありがとうねとお礼を言い続ける。

3. この実践を行うとどうなるか

　よいことをしようという雰囲気が高まる。この実践をする前か後かどちらかに、国語の漢字テストの○付けを友だち同士でさせているのだが、これをしていると「100点おめでとう」などの言葉を書く子などがでてくる。

３．楽しいクラスづくり速効スキル（30）
本気朝学

1.ねらい

①朝から学習の構えを作るために行う。
②音読、計算力、話し合いスキルの力を高めるために行う。

2. 指導手順

前提条件
①朝学習を2カ月ぐらいしている。
②普段の授業でもかなり本気が出せるようになっている7月以降。

1時間目
①授業をする。（国語など）

朝学習のレベルをあげていきますね。

全力に近い声で行います。朝から目をさますためにも、エンジンをかけるためにも行います。

流れは以下ですね。

いつも通りですね。

いつもと違うのは、より本気でやるということです。

本気でやるので、終わった後に、体が熱くなっていたら合格です。

先生もやってみるので、先生と同じか勝っていたら合格です。

やってみましょう。

（教師と一緒にする。教師は8割ぐらいの力でする。学級の1割ぐらいの子には負けるが、それ以外には勝てるぐらいの力でやる。）

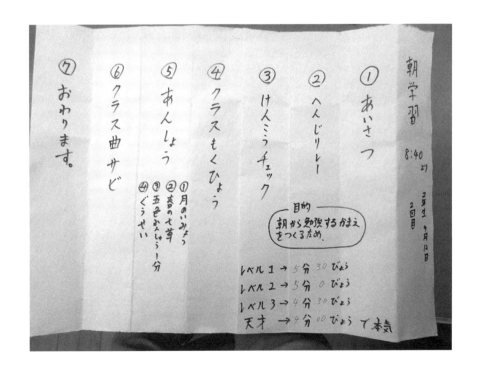

②みんな、がんばりましたね。先生に勝てたと思う人？　すばらしい。
　では、その人だけではじめをやってみるよ。
　すごいね。班ではじめの１分だけ練習をしてみましょうか。今のができたらすごいです。
③じゃあ、１、２、３班と先生の勝負ね。
　（やってみる。）
　つぎは、４、５、６班ね。
　（やってみる。）
④みんなすごいね。先生は全部やっているからまいるわ。
⑤体が温かくなってきた人。すごいね。
　なんでもそうですが、はじめに本気がだせるとうまくいきやすいものです。
　１日のはじめの朝学習が１分〜３分でいいから本気をだせるといいですね。
　先生もがんばりますので、一緒にやっていきましょうね。

2回目
①同じようにやっていく。
　教師も一生懸命する。はじめの１分をとくにがんばれという。

その後・・・
①同じようにがんばらせる。

授業ポイントと思うこと
※ポイントは、最初２週間は、先生もいっしょに全力でやることが大事である。
　また、たまに、終わりの会にやらせて合格の班から帰るというようにするとレベルがあがるようになる。

※普段の授業での音読の声の大きさ、歌声の大きさに規定されるので、普段の授業時にあげられる自信がない場合は、行わない方がいい。ちょっとレベルをあげる朝学習にしようかと進めるぐらいがいい。

3. この指導をするとよく起こること

　子どもが疲れてしまうことがある。
　→少しやすませる。
　→朝学習をするのを週に３回ぐらいにするのもよい。
　　朝学習の時間は、毎日でもいいが、子どもの実態にあわせて、週に３回ぐらいにするのもいい。
　　朝会の日はなしにして、後１日は読書タイムでもよい。

4. この実践を行うとどうなるか

　子どもたちの本気度が育つ。
　音読の声が大きくなり、発表などもこわくなくなる。
　指名なし発表などのスピードもあがっていく。

> 3．楽しいクラスづくり速効スキル（31）
> # 名言暗唱

1. ねらい

①すばらしい生き方とは何かを教える。
②何がかっこよくて、何がかっこ悪いかを教える。
③暗記能力を高める。

2. 指導手順

前提条件
①普段から暗唱をしている。

1時間目
①今日は新しい暗唱です。「道」相田みつをです。
　紙を配ります。もらったら、名前を書いて、音読をしておきます。
②追い読み。
③ふりがなをうっていいよ。うったら読んでおきましょう。
④先生と交代読み。
⑤男女交代読み。
⑥3回読んだら座る。
⑦○を10個書きなさい。音読したら塗りましょう。たくさん練習しましょう。
⑧題名と作者名と1行目を覚えたらすわる。
⑨3行目まで覚えたらすわる。
⑩今日は、ここまで。また、練習をしていきましょうね。

2時間目以降
①道徳や国語の時間に暗唱をさせて覚えさせる。

ポイント
①ひたすら暗唱をさせる。それだけでいい。
②たまに〜さんの行動は、これと同じだったねというようなことはいう。

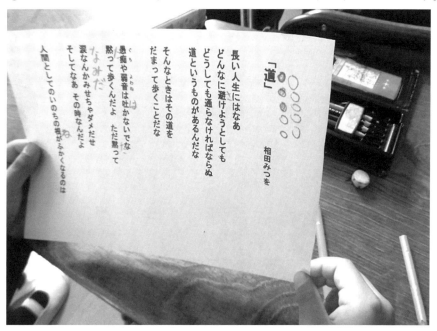

その後・・・
①定期的に、国語や道徳の時間に暗唱をさせる。

3. この実践を行うとどうなるか

　子どもたちが、何が大切なのかを理解していくようになる。
　ただし、これは私、山本がいい生き方だなあ、かっこいい生き方だなあというのを選んでいるので、それぞれの先生で選んでもらうのがいい。

また、私は、今の学級にふさわしくないなあと思ったらしないものもある。
　たとえば、いじめが起きている状態で、これを使ったらまずいなあというのは使わない。
　相田みつをは、世間的認知が高いのでよく使う。しかし、論語などは、きらいな保護者もいる場合があるので、子どもがよくなっていって、保護者との信頼関係もできてからするようにしている。
　なお、はじめは、中学受験、高校受験に大事なものをよくしている。偶成などは、けっこうでるし、十二支、月の異名は必ずでるのでやっている。
　「道程」高村光太郎の詩は、特に女子に人気で卒業文集にも載せたいというものがでた。

3．楽しいクラスづくり速効スキル（32）
あふれさせたい言葉ランキング

1. ねらい

①子どものプラス言葉を多くさせるために行う。
②プラス言葉を意識させる。

2. 指導手順

前提条件
①クラス目標を決めている。
②プラス言葉、マイナス言葉、信頼貯金を教えている。
　※教えてなくてもできるが効果は少し薄くなる。

1時間目 道徳の時間

①今日、プラス言葉を使った人？　えらいね。マイナス言葉を減らそうとしている人？　とってもえらいね。

　※なお、マイナス言葉がよくとびかっているクラスではこのようなことは問わない。子どもの状態にあわせて、指導していただければと思う。

②プラス言葉っていいですよね。聞いているだけでいい気分になれます。ところで、プラス言葉ってどれもいいけど、特にどういうプラス言葉を増やすとこのクラスは、クラス目標を達成しやすそうですか。隣にいってごらん。

③指名なしでどうぞ。

　（ありがとう。いいね。ナイス。かっこいい。かわいい。さようなら。おはよう。）

　※言った人に黒板に書かせる。

④ありがとう、どれもいいね。

　では、このクラスであふれさせたり、増やしたりしたらいい言葉ランキングをしてみましょうか。それをたくさん言っていくといいクラスになっていくよね。

　さて、どれがいいかな。近くと相談していいよ。

⑤では、多数決で決めていきますね。

　ありがとうがいい人。（挙手させる）

　（決めていく）

⑥今回は、だいじょうぶが1位、ありがとうとおはようが2位だね。他のもどれもいいね。

⑦じゃあ、意識をするために、掲示をつくってくれないかな。

　やってくれる人。

　（手を挙げてくれた人にやってもらう。）

※なお、出ない場合は、そうじの時間にやっていいよという。また、それでも出ないならば、この実践をする段階のやさしさではないということである。教師が作ればいい。

2時間目か休み時間
①ついにできたね。では、掲示をしておきましょうね。これが意識できて、たくさん使えるとクラスが早くよくなるね。

その後・・・
①今日、このプラス言葉を使った人。10回以上使った人。すばらしいね。先生もがんばるわ。
②学級通信で写真をとって紹介する。

3. この実践を行うとどうなるか

　クラスでさらに、プラス言葉を意識するようになる。

　そして、プラス言葉を使うようになる。まずは、一番に教師がその言葉を使うようにするといい。なおこの実践をすると基本「ありがとう」が上位に来ることが多い。それをもとに「ありがとう」を強化していくようにすればいい。クラスがよい方向に変わっていく。

> 3．楽しいクラスづくり速効スキル（33）
> # クラス目標に具体の数を

1. ねらい

①クラス目標を具体的に達成させることができるようにする。
②目的には、小目標が必要だということを教える。

2. 指導手順

前提条件
①クラス目標を立てている。
②クラスの仲がある程度よい。
③6月以降がよい。私は2学期始まってからすることが多い。

1時間目　学級会の時間
①クラス目標をみんなでいいましょう。はい。

　「みんなでなかよく、楽しくプラス言葉が多いチーム」（2018年2年生の目標）

このクラス目標は達成できていますか？　今、何点ぐらいですか？指名なしでいいなさい。
（70点です。80点です。78点です。90点です。50点です。）
　まだまだということですね。
　では、あのクラス目標を達成するために、具体的に何を一人一人がしていけばいいのでしょうか。例えば、あいさつを確実にするとかです。近くと相談。
　（あいさつをもっとやります。）
　もっとやるってどれくらい。隣の人だけ？　班全員？　クラスの半分以上？（クラスの半分以上の人です。）
　じゃあ、毎朝クラスの半分以上の人にあいさつだね。黒板に縦書きで書いて。
　（くつそろえをします。）
　１日何回ぐらい？
　（１回です。）
　ＯＫ、それを黒板に縦書きで書いて。
（そうやって、10人くらいの意見を聞いて、板書させる。）
　みんないいね。具体的に考えるのが大事ですね。
　あのね。目標と目的ってのがあってね。
　クラス目標を立てるのは、みんなが楽しくなる。幸せになるのが目的なんですね。
　で、クラス目標ってのは、大目標なんです。大目標を達成するには、小目標っていうのが必要です。
　お金持ちになりたいが目標なら、その目的は、裕福に楽しくすごしたいが目的ですよね。
　で、お金持ちになりたいは、大目標なわけですね。そのお金持ちになるを達成するためには、小目標を立てる必要があるのですよ。例えば、「①お金の勉強を毎日30分する。　②おこづかい帳をつくって、きち

んとつける。③社長になるための勉強を毎日1時間する。」など具体的な目標を立てて、実施していくことが必要なんですね。そうでないと達成はなかなかできないんですよ。

　だから今みたいに、クラス目標を達成するために、小目標を立てる必要があるのですね。

　さて今、みんなは、15以上出してくれましたが、多すぎたら何からやればいいのかわからないので、とりあえずは、10に絞りたいと思います。

　どれがいいですか。2回手をあげていいからね。

（挙手確認をする。黒板に書かれている上に数字を書く。）

　OK、じゃあ、ここに書かれている7個を小目標としますね。

　2018年は以下がでた。
　①ありがとう50
　②あいさつ10人以上
　③くつそろえ、ものそろえ10
　④おちてるものひろい10
　⑤一人の子に声をかける。
　⑥人助け5
　⑦マイナス言葉をなるべく0に。

※1　なお、1日に何をするのか数を書かせるのは極めて重要である。そうしないとできないし、どれぐらいやるのかの共通理解ができない。もちろん、こんな数がなくてもできるようになるのが理想だが、はじめはしておかないとしなくなると説明する。

　例えば、ダイエットをするときや、体を鍛える時に1日に、5km走ると決めておかないと、適当になる。うでたて30回と自分に課すからやるようになる。もちろん、40でもいいが、そういうふうに数字を決めて追い込むからがんばれるのだという。

※2　また、1日3回でもいい。ただし、それで本当に100点にいけるか

どうかは検討をしていく。

これでいい人？　だめな人？
はい。決まりましたね。がんばろうね。
みんなで決めたこと、守りましょうね。
何か、ほかに意見がありますか？（いいえ）
そうですが、では、先生はこれを短冊みたいにしておきますね。
とする。

2回目
①短冊ができましたので、貼りましたよ。
　毎朝、クラス目標をいって、小目標をいいましょうね。

②では、いってみましょう。
　「みんなでなかよく、楽しくプラス言葉が多いチーム」
　「ありがとう50、あいさつ10人以上、くつそろえ、ものそろえ
　　10、おちてるものひろい10、一人の子に声をかける、人助け5、
　　マイナス言葉をなるべく0に。」
③いいね、こういうふうにいって、意識をもちましょうね。

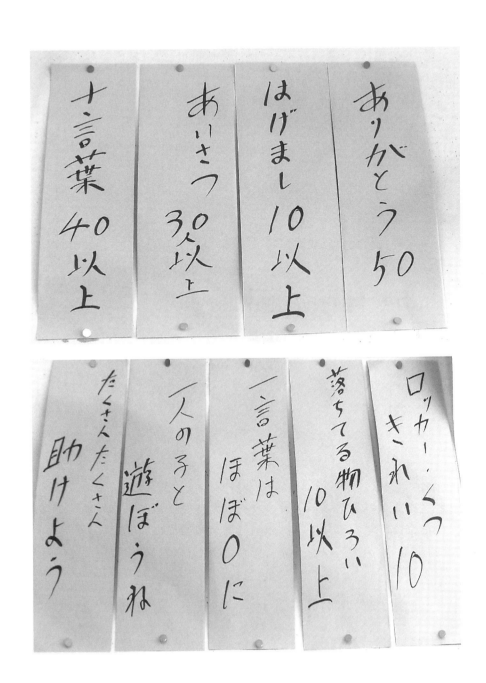

> **その後・・・**

①定期的にできているかをきく。道徳の時間や学級会の時間がいい。
②ありがとう50。昨日、できた人。おー、すごい。できなかったけど頑張ろうとした人。ありがとうね。

　あいさつ10人以上、できた人。できなかった人。立ちましょう。明日は頑張れる人、座ります。ありがとうね。

　・・・

③上記のように、たまに確認をする。

　たまにが大事である。週に2、3回ぐらいでいい。

　※子どもの体調が悪い。忙しい時は減らすなどの配慮はする。

3. この実践を行うとどうなるか

　クラスの中で意識してプラス行動を増やす子がでてくる。かなりクラスの雰囲気がよくなっていく。具体的な行動を決めて、それを実行することでクラスってよくなるのだなということが実感できる子どもが増える状態になる。

　大事なことは、つめすぎない。応援するということである。

　終わりの会か次の日の朝に、全員を立たせて、一つ一つ「できた人？」と聞いていく。「手があがるのが半分はいった人。がんばってくれてありがとう。がんばったけど、できなかった人。がんばってくれてありがとう。また、今日もがんばろうね。」とやっていく。

　普通、いきなりできるようにならないので、このような確認をしていき、ゆるやかに応援をしていく感じで進める。

　そうして、1か月ぐらいしたら、いくつかができるようになるという感じである。繰り返し言うが、大事なことはつめすぎないということである。そして、先生も同じようにそのことをがんばるということである。

3. 楽しいクラスづくり速効スキル（３４）
ふれあい徐々に増やし体育

1. ねらい
①クラスの仲をさらによくするために行う。
②もりあげるために行う。

2. 指導手順

前提条件
①握手やハイタッチすることに抵抗がない。
②男女二人組を組むのがなんともないような仲のよさになっている。

1時間目
①体育の授業中に、ふれあいが多い体育の技を行うようにする。
②はじめは、二人組で、バランス押し合い。
　特に男女をきめず。しかし、徐々に男女でやるように指示。
③しばらくするとフラフープでわっかを手をつないだ状態で通すようにする。班で。

授業のポイントと思うこと1
①とびばこでは、飛び終わったら、戻ってきた友だちに、ひとこと＋の

言葉をかけるようにする。＋のシステムをつくる。
② 時期がだいぶたつと二人三脚なども入れていく。
　ふれあいをふやしていく。じゃんけん列車もよい。肩と手がふれあう。
　二人組、手つなぎ鬼ごっこもよくする。
③ これらのゲームをしているときに、男女でやっている子がいたらほめる。「えらい、人を選んでいないのがいい。誰とでも仲良くなろうと思う人は、仲良しの友だちとか、男だけとか、女だけとかは選ばないんだ。」というようにいう。
④ 体育では、学級経営を向上させる手立てが多い。運動量を確保して、できるようにさせるを一番重視している。

授業のポイントと思うこと2

　接触の時間を徐々に増やすようにするのが大事である。徐々にである。
　ねことねずみ
　体じゃんけん
　この二つが大事である。

これができるかどうかで、次のゲームができるかがわかる。

　ねことねずみ程度のふれあいもだめならば、まずは、そのレベルのふれあいがまったくないゲームをして仲をよくしていく必要がある。
　ある程度できるならば、以下の順番でふれあいを増やしていく。
① バランス崩し
　※手が触れる経験をする。
② 握手からの膝タッチゲーム
　※握手をする経験をする。
　※普段から百人一首でやっていれば、基本できる。
③ ハイタッチ3人として、集合
　※とにかくしたらほめる。
　※男女でしていたら、さらにほめる。

④試合前の握手をしているかをみる。目をみているかもみる。

　試合などでの「よろしくお願いします。」のあいさつの時に、目をみている子をほめるようにする。5秒はみているのがいいね。目をそらすのは、好きな場合は仕方ないけど、そうじゃない場合は、相手に失礼な感じがするねという。

※以下、体育でやらないことも載せる。ふれあいの順序としてはわかりやすいと思うので。

⑤たこ、たいゲーム

　右手で握手をする。左手は、相手の右手の甲をたたくか、相手のたたきを手のひらでガードするためにつかう。

　たこといわれたら、たこの人がたたく。たいがガードをする。

⑥ばんちょうさらやしき

⑦両手握手を進める百人一首などで。

⑧なべなべそこぬけ

⑨班全員で手をつないで輪通しゲーム

⑩二人三脚

⑪肩をくむことができる。

⑫体育の時に、背中を合わせてのストレッチ

　※さらにふれあっても問題なくなる。

⑬クラス曲で肩をくむ子がでてくる。

3. この実践を行うとどうなるか

　クラスの仲がとてもなかよくなる。6年生であろうが、肩をくんで円陣をくんで、かけ声をかけたり、ハイタッチで喜び合ったりするようになる。

　子どもたちの仲のよさに応じてふれあいをふやしているので、抵抗がなくなっている状態である。また、私が「しなさい！」という感じでや

ることがないので、よけいに自然とする感じになる。
　徐々にやらせていくことが大事である。やらせているように感じさせないでやらせるのが大事である。ほめて、広げるとそうなりやすい。

> 3．楽しいクラスづくり速効スキル（３５）
> ## 安心領域の授業

1．ねらい

①子どもの仲のよさを広げるようにする。
②安心領域を広げないとこまるということを伝える。

2．指導手順

前提条件
①クラスの仲のよさが向上してきている。
②もっと仲良くさせたい時、グループ化を壊したい時に使う。

1時間目　道徳の授業
「安心領域の授業」
　知り合いや新しい人の集まるパーティーに参加しました。
　最初にだれをみつけようとするか。（友だち）
　友達や知っている人をみつけるのです。どうして。（安心するから）
　食べ物を持ちよって集まるパーティーに参加しました。
　誰の持ってきた食べ物をよく食べるでしょう？
　（自分が持ってきたもの）
　自分が持ってきたものをよく食べるんです。どうして？

(自分がすきだから。)

それと、安全な感じがするからですね。

> 人々は無意識のうちに自分のから（□□領域）に閉じこもろうとする。
> □に何が入る？

(安心)

> 安心領域、必要？

(必要です)

必要ですね。このクラスで仲のよい人、5人を書きましょう。

ずっとその5人でいると居心地がいいね。安心領域の人だからです。

> ずーーっと安心領域の人といるのはいい？
> いいと思う人？　だめだと思う人？

さて、どうでしょう。

現代の若者に目立つ二つの事例から考えてみましょう。

何ですか。（弁当）

どこで食べていますか。（便所）

便所飯といいます。「一人で食事すればまわりは自分を魅力のない価値のない人間と思う」という恐れと不安がある。

断られたらいやなので自分から誰かを食事に□□□□のです。

□に何がはいる？「誘えない」)

「誘えない」ですね。だから、トイレで食事をするのですね。

働かない若者をニートといいます。

ニートになる、一つの原因です。よんでください。

(今の若者は、**対人関係があまりうまくない**とも言われます。家の中でコンピュータ相手のゲームばかりしてきた年代は、**他の人間とコミュニケーションをとることを**□□くさがって□□てきた傾向が強いのです。)

> □に何がはいりますか？

(面倒、避け)

Ⅱ　学級経営手立てを使いこなしクラスの絆をパワーアップ

こんな大人になりたいですか？（いいえ。）

どうしておいたら、こんな大人になりませんか？

　（あらたな友達をふやしていく努力をする。コミュニケーションを積極的にとる。）

　そうですね。

ずっと安心領域の人といるのはいいですか？　いい。悪い。

　悪いですね。

　さて、クラス目標です。いいましょう。はい。（みんな仲良く助け合うめっちゃハッピーなクラス）

　これは、いつも仲のいい人だけで固まっていたら、達成でき……

　（ない）

　のですね。何より、普段から安心領域を飛び出す練習をしておかないと絶対に安心領域から離れないといけないときに困るのですね。

　感想をいいなさい。

　（安心領域の人をひろげていきたいと思いました。）

　（いつも同じ人と話すのはよくないときもあるのだと思いました。）

2時間目

①安心領域を増やす勉強です。

　二人組を組みます。あまり話したことない人と組みなさい。

②1分間お話ししてごらん。

③普通に話せた人。すばらしいね。

　そういうふうに、あまり話したことがない人でもお話しできることってすごい大事なことなんだよ。安心領域をひろげる行動になるからね。その調子ですよね。

3時間目以降

　体育の時間に2人組を組ませる。

「いつも話す人と意図して離れた人？　えらいね。」という。
こういうことはたまにしている。
※たまに、思い出したかのように趣意説明をいれる。
※こういうことを連続していると、3学期の自由席替えでもいつも仲良しの友だちと離れようという子がでてくる

その後・・・
①継続して、定期的に、二人組を組ませる。安心領域の人じゃない人と組みなさいと。
②今日、安心領域でない人と話をした人？とたまに聞く。

ポイントと思うこと
①このようなことをたくさんしないと子どもはしない。具体的な行動は極めて大事である。練習をしないといいとわかっていても、プラス言葉をいえないのと同じである。
②体育の時間などで、二人組を組ませる。その時に、15秒で二人組を組めないようでは、仲がよいクラスじゃないし、そういう。
　以下の行動をとっているので仲良しなクラスとはいえないのだ。
・仲のよい人を選んでいる。
・自分から声をかけられない人がいる。
・あえて、声がかけられない子を狙って話しかけていない。
（これができないと一人ぼっちの子がクラスにうまれてくる。）
　ゆえに、15秒で組めないということは、上の三つのどれかをしているから仲良しとは言えない。

3. この実践を行うとどうなるか

授業中では、いろいろな人と組むようになっていく。

また、友だち関係は固定しすぎないのがいいということもわかってくる。

さらに、クラスの仲がよくなるには、自分の仲良しだけと仲良くしては無理だということを感じる。そして、自分から動くことがまずは大事だということがわかるようになっていく。

> 3．楽しいクラスづくり速効スキル（36）
> # 恩送りの授業

1．ねらい

①利他の行動をクラスにあふれさせる。
②子どもたちの仲がさらによくなる。

2．指導手順

前提条件

①プラス言葉、マイナス言葉の指導、信頼貯金の授業を教えている。
②クラスの利他の行動が増えてきている。あるいは、ある時期増えたのに減ってきている時期に使う。
③ありがとうなどの感謝の言葉がけっこうでてきている。
④クラスの仲は、けっこう仲良しな状態である。

1時間目

①恩送りの授業をする。

　AくんとBくんがいます。

Bくんが消しゴムをわすれました。

　Aくんがかしてあげました。

　今度は、Aくんがえんぴつを忘れました。

Bくんは、どうする？　そして、なぜ？

（えんぴつをかしたと思います。前にかしてくれたからです。）

　Bくんは、Aくんに鉛筆をかしてあげました。

　こういうのを何というの？

（恩返し）

　恩返しですね。鏡のようにいいことが返ってきます。

ある映画で、「世界中の人が幸せになる方法を考えなさい。」という問題がこの主人公にだされました。主人公は何と答えたでしょうか。

　この黒板に書いた図がヒントです。隣に言いなさい。

（話し合う。）

（私が3人の人にいいことをする。その3人がさらに、3人の人にいいことをする。それを繰り返して、世界中の人が幸せになっていく。）

　そうなんですね。

　次の人へよいことをどうするの？（送っていく。）

　送っていくのですね。

　ある食堂のごはんです。代金はいくらだと思う。書きなさい。

（700円）

　これは、0円です。どうして、0円だと思う？

（優しい人だから。）

　でも、それではお店がつぶれちゃいますよ。よくみて、画面、なんて書いている？　読んでみて。

（これからあなたの食べる食事は、前の人からのギフトです。）
　次の人へ、お金を送っているのですね。
　次の人へ、お金を払うので……、結局は払っているのは払っているのですが、気分が違いますよね。ほっこりします。

> こういうのを次の人へ○○りという。なんという。

（恩送り）
　そう、恩送りですね。

　これ、教科書もそうなんですよ。読みます。
（この教科書は、これからの日本を担う皆さんへの期待をこめ、税金によって無償で支給されています。大切に使いましょう。）
　次の人へ、何が送られているの？（税金）
　税金ですね。これがなければどうなる？（教科書がない人もいる。）そうだね。いろいろなものがもらえない人もいる。いろいろなことが困ります。
　例えば、道もない。交通費がかかるかもしれない。病院代も恐ろしく高くなる。
　学校代もめちゃ高くなる。すべてが高くなる。
　税金である程度のお金を送る。回す。そうやって、国はよくなっていく。恩送りって必要ですか？（はい。）
　あるラーメン屋。店員さんは、二人です。
　すべて、料理を作るほうにまわっています。

> 人を増やしたらつぶれてしまう状況。でも、うまくまわっています。きれいになっています。どうしてですか。

（だれかがやってくれている。）

これです。お客さんがふいているのです。

次の人へ〇〇しています。言ってみて。

（清潔にしている。きれいにしている。やさしくしている。）

どれもいいですね。

このようないいことが続けばいいですね。このクラスもきっとそうなりますよ。このクラスは、いいことをする人が多いので、先生は、さらに恩送りが増えてよくなると信じています。

ある実験からわかります。

ある二つのグループがいます。

この映画を見せます。名犬ラッシーです。知っている人？

その後に、得点を競うゲームをします。

このゲーム、途中で外へでると点数を失ってしまいます。

そのゲームをしている最中です。

「くぅーん」と子犬のかなしそうな、鳴き声がきこえました。

そとにでたら、失点です。でも・・左側のチームは、ほとんど助けにいきません。右側のチームは、多くが助けにいきました。
ゲームに負けるのにです。なぜなんでしょうか。

（意見をいわせる。）

実は・・・左側のチームには、映画のワンシーンをカットしていたのです。そのシーンはこれです。

（映画の1シーンを見せる。子犬を助けるシーン。）

子犬を〇〇〇場面ですね。

II 学級経営手立てを使いこなしクラスの絆をパワーアップ

何ですか。(助ける)

そうなのです。子犬を助ける場面をみせなかったのです。左側のチームには。だから、左側は助けなかった。

右側のチームには助ける場面をみせたのですね。だから助けに行く人が多かった。

この実験により、人は、見ただけで同じ行動をしたくなる。が証明されたのです。

だから、このクラスは、いいことをする人が多いので、先生は、さらに恩送りが増えてよくなると信じているのです。

ところで、中国でも、恩送りの考えはあります。

客家(はっか)の教えと言います。

このように、よいことを返すのも大事ですが、このように、よいことを送っていく生活をして、成り立つようにしているのですね。そういう家の作りをしていますよね。

こういうよい行動をしていくこと、「○○は人のためならず」ということわざでも表すよね。何?

(情け)

情け、よいことは、自分にめぐってくるということですね。

客家(はっか)の教え、恩送りと一緒でしょ。

恩送りについて思うことを書きなさい。

(書かせる)

発表しなさい。(指名なしで発表させる。)

今からできる恩送りって何かな。

先生は、例えば、水道の蛇口を下向きにすることで、きたない水をためないことやよい行動をした仲間を発表するなどが思いつきます。ほかにある?

(くつをそろえてあげる。)

（朝に、窓をあけて空気をきれいにする。）

など、いろいろとありますね。

恩送りあふれる世界っていいですよね。

恩送りあふれるいいクラスにしていこうね。

その後

①よい行動をしている子をみつけたら、「恩送りしてくれているね。ありがとうね。」と言う。

②学級通信でもよいことをしている子を紹介していく。

③こういう恩送りができる集団がいい組織を作っていくんだと紹介していく。

解説＆ポイント

恩送りの授業は、竹岡正和氏の修正追試の授業である。

この授業をいきなりしても効果は少ない。

ある程度利他をしているときにするとかなり効果がある。

また、私は、

> プラス言葉、マイナス言葉→信頼貯金→ＷＩＮ×ＷＩＮ→ありがとうの授業→プラス言葉ランキング→クラス目標小目標立て→恩送りの授業

という流れで使っている。

プラス言葉をあふれさせる一連の流れで使っている。

もちろん、初期に利他を教えるというので使ってもいいかと思う。

そうした方が効果は倍増する。

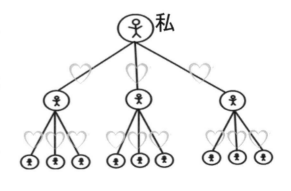

3. この実践を行うとどうなるか

　クラスでよいことをしようとする人が増えてくる。もともといいことをしている状態でしているので、さらによいことがあふれていくという感じになる。

　恩返しから恩送りをしようという雰囲気になり、今までは、恩を返してくれそうな人にいいことをしていた部分があった感があるのだが、それは関係なく、どんどんやっていこうと思う子が増えていく。

３．楽しいクラスづくり速効スキル（３７）
表現暗唱

---

1. ねらい

①子どもたちが表現豊かになる。
②もりあげることを上手にさせる。
③たくさんの楽しいを提供する。

2. 指導手順

前提条件
①暗唱をしている。
②クラスの仲がある程度よい。

1時間目
①暗唱の紙を配る。
②追い読みをしていく。

（全て追い読みしていく。）
③交代読みをしていく。
　　（ふつうにやっているだけで子どもたちがくすくすと笑う。）
　　※たけのこ読みをするなどして、文章になれさせることもある。
④二人で練習させる。
　　二人組を組みます。交代交代で読みなさい。１回やったらすわる。
　　感情をこめて、やります。もう１回やりましょう。
　　「相手がうまかった人？」
　　と挙手確認をする。
　　「すごい。やってみて。」
　　（前にでてやらせる、大爆笑。）
⑤すごくうまいね。もう、これよりもうまくできる人はいないよなあ？
　　とやる。手が挙がった子がいたらやらせる。
　　また大爆笑。
　　あー楽しかったねと終わる。

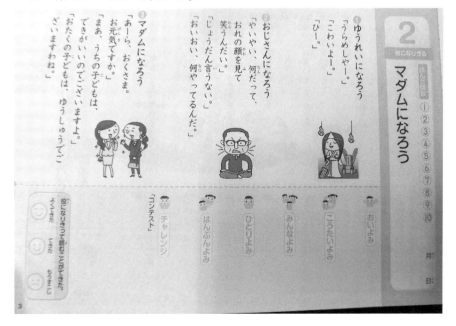

授業のポイントと思うこと
①では、あんなふうにもう一度隣とやってごらんとやる時があってもいい。
②こういうことをどんどんやらせるとなんでもありになってきて、楽しい雰囲気がうまれる。
　高学年女子や恥ずかしがり屋の子に、無理に前にだしてやらせることはないが、これも暗唱テストにして、やらせていくのは大事。少しずつ表現ができるようになっていく。
　クラスがよくなるためには、おもしろいこと、表現をすることができるクラスにしていくことは学級経営上大事なので、クラスの仲がよくなったらよくやっている。
③マダムになろう、バナナのたたきうり、ニュースのアナウンサーなどがいい。他の学年でももってきてやるのがいい。
④あんまりしつこくやるのではなく、7分前後でやるのがいい。また、場合によっては5分だけでいい。国語の時間にやる。

2回目以降
①国語の時間に1パーツとして、1、2回読ませるようにする。
②少し盛り上げたいときに、「みんなの前でやりたい人？」などもやっていく。
※とにかく、少しずつやらせていく。2学期になるとクラスの仲もかなりなれてきたら、手を挙げてやる人も多く出てくるはずである。

3. 指導していたらよく起こること

①恥ずかしがってできない子がいる。
→ここはあまりつめない。やっているうちに周りが盛り上がってきてできるようになっていく。つめない。周りができるようになると少しず

つできるようになっていく。

4. この実践を行うとどうなるか

クラスがとても盛り上がっていく。笑うって楽しいなとなる。こういうことをしていくと、お楽しみ会の時も盛り上がる。先生がたくさんたくさん笑って、たくさんほめるのがいい。

3．楽しいクラスづくり速効スキル（38）
聞き方レベル上げ

---

1. ねらい

①子どもの聞き方をあげ、友だちに失礼のないようにする。
②学習内容をより多く理解させるためにする。

2. 指導手順

前提条件
①とくになし。
②ただし、じっくりとじんわりと指導をするようにする。
③姿勢がいいとなぜよいのかの趣意説明を教師が持っている。
④つまらない話をすることが少ない。

さまざまな場面で
　先生からの応援、手立て、ほめ
①話し終わった後、「分かった人？」「分からなかった人？」と聞く。

②「今の話、先生の目を見ていた人がたくさんいたね。ありがとう。」とほめる。
③全員に「起立。いまから話をします。よく聞いていた人は、名前をよびます。」「～～～」「○○さん、声出てきたね。座ります。」
④指名なし発表の途中に、「今、Aさんが言ったこと言える人？」
⑤誰かが発言をした後に、「今の意見についてどう思う？」
⑥指名なし発表の途中に、「今の意見に賛成の人？　反対の人？」
⑦体育の時間に、集合をさせた後、カウントをするが、全員が教師の目をむくまで、カウントをとめない。
⑧道徳の教科書などを範読しているときに、「次の行をみんなで、さんはい」と言って読ませる。
⑨範読しているときに、いい姿勢の子を名前をいれてほめる。
⑩話をしているときに、指を何本かたてて、「言える人？」と聞く。「何本」ときき、言えたらほめる。「とっても人の話をよく聞いていますね。目をみて聞いていてえらいね。」と言う。
　※体育の時間によくつかう。
⑪全校朝会の後に、「校長先生は今日なにについて話をしていましたか？」と聞く。
⑫指名なし発表中に聞き方のいい人の名前をいれてほめる。
　　（Aさん、聞き方いい。Bさん、ナイスねと）
　※終わりの会などのよいこと発表ですることが多い。
⑬今からお話をします。終わった後に先生がいったことを簡単でいいから説明できると思ったらすわります。
　1回目です。言いますよ。～～～
　（例えば、交通安全の話をする。）
　2回目。～～～
　3回目は、Aくんにいってもらいましょう。～～～
　※こういうと真剣に聞かざるをえなくなる。

では、Ｂ君答えてみて。
　（交通安全の話です。）
　正解、よく聞いていたね。
⑭今から、スピーチ練習をします。二人組です。相手は何秒あなたの目か額をみて話したかの秒数を数えておきなさい。そして、終わったら秒数をいってあげてね。多い方が顔をあげて発表をしたということですね。
　※これをすると、発表者は顔をあげるし、聞いている人も真剣に秒を数えるようになる。聞く姿勢がうまれる。
⑮先生が話しているときに、「〜〜さんが聞いていないから、はじめから話します。」といって、本当に初めから話す。連続では、２回ぐらいが限界である。
⑯終わりの会で、「今日は、話をよく聞いている人から帰ります。あんまり、聞いていない班はもう一度同じ話をします。では、話します。」とする。
　※でも、本当に残すことはよほどのことがない限りしない。
⑰Ａさんの聞き方は、とってもいい。ぜひとも友だちにもしてね。
⑱聞き方がわるいとね、友だちが減っていくんですよ。だってね、もしだれかが話をしていて、「あくび」をしていたらどう思う。嫌な気持ちしない？　あくびをおもいきりすると、「あなたの話は退屈ですよ」といっているのと同じことなのですね。
⑲終わりの会の指名なし発表中に、山本先生に３回、姿勢のことを言われた人は、残って練習をします。「Ａくん。Ｂさん。」などと言う。
⑳全員立ちましょう。足をしっかりとのばして。はい。すわりましょう。その時の姿勢が一番いいんですよ。もう一度立ってごらん。椅子の音がしないでしょ。それがいい座り方なのです。
㉑今から、３分ほど姿勢をよくします。ＯＫの人の名前を呼びますね。
　（３分間の間に何人かを呼ぶ。）

3. この実践を行うとどうなるか

　子どもたちの姿勢がかなりよくなっていく。
　もちろん、それでもどうしても聞き方がよくならない子がいるが、それで当たり前である。
　気長に待つ。2学期ぐらいになると徐々によくなってくる。
　手をかえ、品をかえ指導をしていくのが大事。
　また、特別支援学級の子には当然、この指導はいれない。いい姿勢の時にほめるだけでよい。

３．楽しいクラスづくり速効スキル（３９）

当番なし給食、そうじ体験

---

1. ねらい

①当番やルールのあることのありがたさを体験させる。
②ルールでしばられているのではなく、守られていることを感じさせる。
③仲良しの究極の姿を教える。
④自治行動をふやすきっかけづくり。

2. 指導手順

前提条件
①クラスの仲がかなり仲良くなってからする。
②当番活動を確実に行っている。楽をする子がまずいない。
③クラスをよくしようと子どもたちは思っている。

1時間目

①今日はさらにクラスをよくするために、あることをしてみたいと思います。

それは、当番をなしにしてみるということです。

なぜ、そうするか理由を話します。

例えば、だれかのおうちでホームパーティーなどがあったとします。みんなもいったことがあるかもしれません。その時、おうちの人といったら、おうちの人は、食べ終わった後に、勝手に掃除をしたり、片づけたりしていませんか。（うん。）

何々さんがテーブル当番なとか決めないでしょ。お世話になったからきれいにしないとねと思って、自然と体が動いてきれいにするのです。本来、掃除というのはそういうものです。

当番がないと動けない、やらないというのは、最高の状態ではないのです。なので、たまには、掃除当番なしでやってみたいと思いますが、どうですか？

（はい、やってみたいです。）

では、やってみましょう。でも、教室の中と廊下はいいとして、トイレとか、特別教室は、決めておきましょうね。

まず、ききます。掃除場所はどこでもいいという人？

（えらい、それが大事です。きれいにしようという心が大事です。）

では、その人、立ちましょう。その人の中で、トイレ掃除と特別教室にいってください。話し合って決めましょう。念のためにきくけど、どこでもいいはずだから、仲良しとかでなくてもいいはずなので、意識して離れてやってね。

では、ほかの人は、教室と廊下どこでもいいからやっていきましょう。さあ、時間内に終わるでしょうか。多分困ることが起こると思いますが、それも勉強です。やってみましょう。

あっ、それと一応いっておきますが、汚い場合は５時間目の休み時間

にやり直しますので、知っておいてください。

> **と、聞いたら、やっぱりやめておきますか？**
> **これはよほどクラスがよくならないとできないことなので、ゆずりあいときれいにするという力がないとできないことなのです。再度、相談。**

（相談させる。）

指名なしでどうぞ。

（やりたいです。という声が多ければ）

では、やってみます。

（掃除中）

（たくさんほめる。譲り合っている子や意識して離れている子に。）

2時間目か休み時間

①水曜日か木曜日に同じように当番なしをやらせる。

（自由給食当番でしたい人が前にならんでいるようす。）

②終わった後に、反省をだしあう。それを改善できるようにしようねと

言う。

指導のポイントと思うこと

①給食当番と掃除当番で行うが、給食当番を自由でやらせる場合には、給食の時間に間に合うように配慮しなければいけない。

しかし、絶対にやらなければいけないという意識は育つので、「俺がやる！」がでやすい。そのメリットはある。時間配分に気をつけるなら、こちらからしたほうがいい。

掃除当番を自由にしていいところは、ほかの人に迷惑をかけてはいけないという心理がはたらくところである。（担当が自分のクラス以外なら困るが、それも先生が放課後などに、やってしまえばいい。もし、うまくいかなければ。）

②親戚の集まりで「あなたはこれな」と決めずに、働き始める大人の話しも紹介。当番が決まっていないからしない、などいいわけにすぎないことを知る。

③かなり高度な実践ではある。相当仲がよくて、仕事を押し付ける人が皆無に近い状態でしなくてはいけない。無理をしていれなくてもいい実践である。4年生以上がお勧めである。周りの状況をみて、掃除はできる力はあるので。

3．この実践を行うとどうなるか

①当番など関係なしに人の役に立つことを少しずつ行うようになっていく。

②ルールの大切さに気がつく

実はルールって大切なんだということを再確認させることができる。

③ルールなしで人のために動くのが最上の行動ということを教えられると同時に、難しさを感じさせる。

Ⅲ　絆が深まると
こんな嬉しいがあふれる

1．毎年必ずといっていいほど、山本学級でみられる嬉しい姿（１）
ふれあいあいさつ

①ふれあい量が多いからふれあいあいさつが当たり前に

　私の求めているもの、手立ての特質なのか、学級経営手立てをだいたいあのように求めていくと、いつもみられる姿がみられる。
　例えば、あいさつにふれあいが加わるということだ。

握手してのあいさつ、握手してのハイタッチが当たり前になっていく。

　一見、はじめてきた参観者がみたら驚くが、私の学級では当たり前のことである。なぜそうなるのか。それは、百人一首のときに、握手してあいさつをするのが当たり前にしているからだ。
　また、ゲームの時に、ふれあいあいさつをするのが当たり前になったり、体育の時にもふれあいのある運動が多くなったりするからだ。だから、ふれあうのが当たり前になっているのだ。
　また、握手をするぐらいで恥ずかしがっていては、外国の人と握手を求められたりすると何もできなくなるし、普通握手をするのは大人になったら当たり前のことで、そんなこともできないと困るという認識が子どもにはあるので、当たり前になるのである。

②あいさつの声が大きい

　また、声も非常に大きい。
　これは、私のあいさつが大きいというのもあるし、私があいさつがいい子をほめるし、「あいさつって大事だよ」の授業をしているのもある。
　また、暗唱の時間を国語の時間にとっているので、声をだすのが当たり前になっていくのでそうなる。

私は、思う。

一定の条件がそろえば、教師がそのことをほめていれば、基本的に教師が求めるような行動をとるのが当たり前になっていく。

それは、いいことでもあるし、こわいことでもある。常に、自分の言動や自分の考えがいいか、どうかを気をつけなければいけない。

1．毎年必ずといっていいほど、山本学級でみられる嬉しい姿（2）
ありがとうがあふれる

「ありがとう」「ありがとうっていってくれてありがとう」「いえ、ありがとう」このフレーズは、必ず聞くようになる。子どもたちは笑いながら言っている。

私の学級では「ありがとう」があふれる。

これも恒例のことである。

自分で分析をしてみると、自分自身が「ありがとう」をよくいうからだ。これはなぜか。

第一は、言っている自分が気持ちがいいからだ。プラス言葉をいうのは気持ちがいい。実感している。

第二には、子どもたちにもぜひともいってほしいからだ。

いいたくないが、担任の行動は全て子どもは見ている。いや、感じているといったほうがいいか。

どんなにいい実践をしても、担任がそれをやっていなかったら、入りは6割以上を超えない。

私は、プラス言葉があふれてほしいと思っている。

だから、体育のときもたくさんほめるし、がんばっていた人もほめるし、がんばっている人にねぎらいのありがとうもよく言う。

子どもたちはそういうプラスの言葉を耳にいれていて、気持ちがいい

と思う。いい言葉は聞いているだけで気持ちがいいのだ。
　よく考えていただきたい。
　例えば、保護者がいつも、「くそ、くそ、失敗や。」「もうだめや、あかんわ。あいつより給料やすいなんてうそや。」といったり、「あんたはあほやな。」「うるさい、お前こそや」と口ゲンカのマイナス言葉を言っているとどうだろうか。どう考えてもその子どもはすさんでいくだろうし、その言葉を真似して友だちに使うだろう。
　子どもは、周りの環境に影響されやすい。（もちろん大人もそうなのだが。）だからこそ、

> 教師がたくさんのプラス言葉をいって、教室にプラス言葉をあふれさせたい。そして、それをいうのが当たり前の環境を作りたい。

　ありがとう。日本人が好きな言葉ランキング１位である。

> １．毎年必ずといっていいほど、山本学級でみられる嬉しい姿（３）
> ## プラス言葉があふれる体育

　「ナイス！」「いいね」「足をたかくあげているのがいい。」「手の付き方がいい。」などのプラス言葉が体育の時間によく聞こえる。
　これもありがとうがあふれるのと同じだ。私がたくさん言っている。そして、子どもたちが意識をしないうちにたくさん言っているのがある。

> ①教師がする。
> ②手立てをうつ。
> ③言っている子をほめる。
> ④通信で評価する。
> ⑤日記のテーマで意識させる。
> ⑥全体の場で指名なし発表ですごい人を言う。

　などをしているのから、あふれていくのだと思う。

日常化となる手立て、そして友だち、教師のプラスの評価で子どもはその行動を増やしていく。そして、それが2カ月以上すると習慣化していく。ほめなくてもするようになる。
　しかし、このプラス言葉あふれる体育だけは違うことをしている。
　それは、

> **プラス言葉をいえば、得点が増えるというしくみを作っているのである。初期のころに。**

　「なんだ、それは」と思われる方がいるかもしれない。
　しかし、私は大事だと思っている。
　これによって、ほめられたり、認められたりするのがうれしくてがんばろうと思う子がでるならば、その子は、確実に今までできなかったことができるようになるからありだと思っている。
　遊び感覚で私は楽しみながらやっていけばいいのではないかと思っている。
　そういうことをしながら、プラス言葉がいつも言われるクラスになっていけばいいなと思っている。学級は確実によくなっていく。

1. 毎年必ずといっていいほど、山本学級でみられる嬉しい姿（4）
高速の準備

　横浜の小林聡太先生が参観にこられた。そこで、言われたのが、子どものスピードが早いというのだ。
　たしかに、2学期中ごろから、驚異的なスピードになる。
　「教科書」
といった瞬間、3秒以内に教科書を両手で持つ子が、半分以上でている。他の子も、7秒以内には基本だす。
　これも当たり前の姿なのである。なぜそうなるのか。それは、

> 早く出した子をほめ続けたからだ。

これが一番。
　また、いろいろな小技も使っている。
　教科書をだします。1、2、3、4、5、6。
（このときの、秒数は、ゆっくり目でお風呂で10数えるぐらいのまあまあゆっくりなスピードで高めにいう。早く、低い声でいわない。）
　そして、今、10秒以内に出した人がいる。すごいなあ。という。
　月日が流れるにつれ、早い人がでてくる。
　また

> 時には、全員起立。隣の人が教科書を両手でもったらすわります。

というのもいれる。
　ときには、教科書。といって、5秒ぐらいたったら、追い読みをしていくのもある。
　とにかく、スピードが早いことをほめ、認めていき、遅いことを待たないというのも大事である。しかし、微妙に待つこともある。
　なお、こういう文章を書くと、いつも誤解されるのが、なんでも早くされると思われるのだが、計算問題などでは、早さを求める言葉はかけない。早くて偉いなあとはいわない。
　また、早くて驚くことはあるが、「着実でもいいんだよ」と、教室の子どもたちにむかっていうこともする。
　早くさせるところと遅くてもいいところは違うので使い分ける。

> 準備は早いことをほめてもいい。
> しかし、計算や問題を解くのは、その人のペースでいいことを伝えておく。

　これは、大事なポイントである。

2．山本学級で実際に起こった嬉しいドラマ（1）
2年　担任へのプレゼント

　子どもたちから担任へのプレゼントをもらうことはある。
　保護者の方からももらうこともある。
　が、2年生という学年で、サプライズのような感じで隠して準備をしてくれていたことはなかった。びっくりした。

> 　私が、一日出張をしている時に、一人の女の子がよびかけてすすめたそうだ。アルバムに、一人一人のハッピーレターなどが入っていた。

　こういうことを先生に内緒でよびかけ、みんなにやろうというのがすばらしかった。
　そのなかでうれしかったのは、特別支援学級のAくんのも入っていたということだ。
　この子は、学年はじめ、教室に入れず、よく廊下にいたり、職員室の前まで来たりしていた。しかし、少しずつ少しずつできることを増やし、少しの成長をほめていった。すると2学期ぐらいから徐々によくなり、3学期には、ずっと席に座ることが可能になった。
　本当にうれしかった。ほめてもプイっとすることがあるのだが、その子も手紙を書いてくれていた。うれしかった。
　なぜ、こういうことが起こるのか。それは、「返報性の法則」からわかるのではないか。
　私がいい人だからではない。いい人で終わると、だれも追試できない。そうではないのだ。
　私が子どもたちをほめ続け、ハッピーレターを書き続けたからにほかならない。
　私の仲間の松下先生は、ハート型のハッピーレターを書くとお返しがもらえる。誕生日を祝ってもらえるといっていたが、それは返報性の法

則からもそうなのだろうなあと思う。

　しかし、2年生という学年で、子どもたちだけでサプライズをしてくれたのには驚いた。ほかの学年の先生も自習のときにこういうことをしはじめて驚いていた。私も想像していなかったので驚きと喜びがたくさんだった。教師冥利につきる。

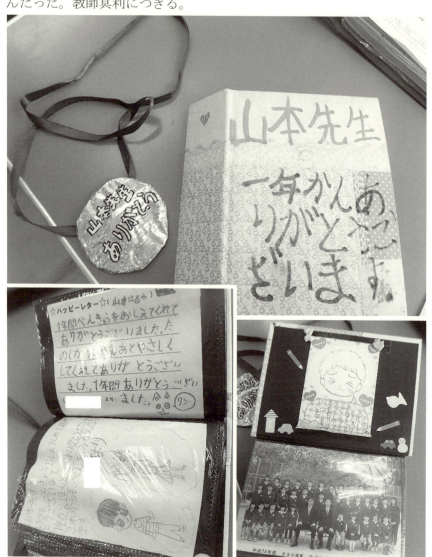

> 2．山本学級で実際に起こった嬉しいドラマ（２）
> # ６年 友だちへのクリスマスプレゼント

　ある日、３人の女の子が、「先生、今日は放課後にのこっていいですか？」と言ってきた。まあ、少しならいいけど、というと、おもむろに何かの道具をだしてきた。

　ビーズのようなものである。何をするのかなあと思っていた。これである。

　これをクリスマスプレゼントにするのだという。

　しかも、みんなの分だ。（35人ほど）

　当日の朝、こうなっていた。

　私の机には、右のクリスマスツリーが置いてあった。

Ⅲ　絆が深まるとこんな嬉しいがあふれる　251

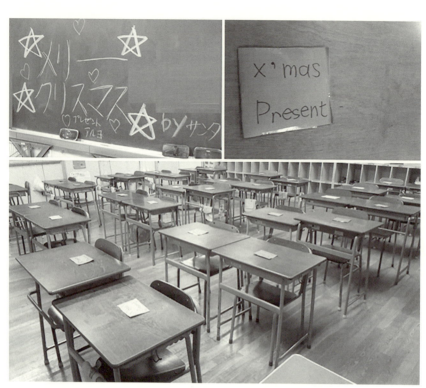

あけてみると。

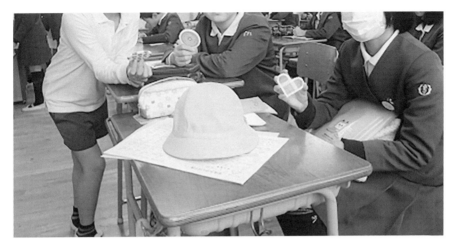

　これには、みんなが本当に驚いていた。
　本当にすごいなあと思った。なんて優しいんだろうと思った。これは、すぐさまに学級通信にのせた。
　学級が高まっていくと、いろいろな利他が生まれるんだと思った瞬間だった。
　このときの感動は今でも忘れられない。子どもに教えられたことだ。

ドラマについて紹介して思うこと

①このようなドラマは、起こそうと思って起こしてはいけないように思っている。そうするとおそらく、何かのひずみが生まれるのだと思う。また、わざと起こすような考えを持っている人に子どもはそういうことを起こさないと思う。子どもだって、見抜く。

②ドラマは起こったほうがいいと思っている。子どもの成長につながるからだ。しかし、起こらなくてもいいとも思っている。
（何を言っているのかと思われそうだが・・・）
　なぜか。そう思っていないとドラマが起こることを期待をしてしまうからだ。それがよからぬ指導につながるように思う。

③素直に、子どもたちの優しさに感謝したい。

あとがき

　なんで、あの人のクラスは仲がよくなっているのだろう。なんで、あの人のクラスは、あんなにきびきびと動いているのだろうと何度も思ったことがある。
　遠目でみて、いろいろなことを試してみた。向山実践もたくさん試してみた。しかし、何かうまくいかなかった。書かれている通りにやっているのにと思ったことがあった。たくさん失敗してわかったことがある。
　大きな理由は四つある。

> **一つ目は、それは前提条件を意識していなかったことだ。**

　わかりやすくいうと、時期がだめだったということ。
　例えば、安心領域の授業は6月ぐらいに入れる。子どもの仲がよくなってきて、もう一段階友だちの輪を広げたいときにする。子どもが仲良くなっていないとだめなのである。前提条件を意識していなかった。

> **二つ目は、ガツガツいれすぎて、子どものことを考えていなかったことにある。**

　いい実践でも、いい料理でも、一度に出されるといやになる。それは、すべてのことが同じだ。子どもの疲れぐあいなどを考えなかったことにある。

> **三つ目は、点の指導を行い続け、線にするという考えである。**

　「＋言葉、－言葉」➡「あいさつ勝負」➡「信頼貯金」➡「＋言葉ランキングづくり」➡「WIN×WIN」➡「ありがとうの授業」
　というように、＋言葉があふれるような学級経営手立てを打っていく必要がある。一つ、一つは点だが、続けていくと線になることを意識していなかった。

> **四つ目は、学力をつけて自己肯定感を高めていないことがあった。**

　テストでいい点数がとれないと、自分で自分を責めてしまう。また、気分が乗らない。自信が生まれない。何かをがんばろうという気が少なくなってしまう。
　そんな状態で楽しいことをやろうといってもやはり気分はのらないだろう。私は算数テスト平均90点以上漢字テスト平均97点以上は基本だといっている。

上記四つは、失敗したからこそわかったことである。

　成功するものもあるし、失敗するものもあるだろう。失敗したときは、おそらく、上の四つのどれかにあてはまるかと思う。

　さて、最後にもう一つ、大きな気づきがある。それは、

指導者にはその人の特質があって、その特質を生かせばいいということ

である。

　私は、おもしろいことをしたり、ふざけたり、おちゃめなことをしたりするのが苦手なタイプである。どちらかというと真面目である。恥ずかしいことがあまりできないのだ。だから、物にたよって、楽しいことを生み出すタイプである。

　私のライバル、山口県の「林健広」先生は、温かい感じで、「そうかあ、そうかあ、たいへんやったんやなあ」という感じで、子どもの背中をさすったり、頭をなぜなぜしたりするタイプである。

　石川県の先輩「岩田史朗」先生は、もう、超明るい。その人自身が太陽のような感じで、私のような学級経営手立てなんて不要で、自身のエネルギーと明るさと前向きさで進めていく感じだ。

　だから、私は「学級経営手立て」を作ったのである。この手立ては、もらったり、生み出したりしていき、いつのまにか、線の指導になった。

　このような本を書くということができているのは、向山洋一先生をはじめとするTOSSの皆様、そして、私にいろいろと教えていただいた他団体の先生や、関わってくださった先生のおかげにほかならない。

　また、樋口雅子編集長にいつも的確なご助言をいただいている。深く、深くお礼申し上げる。

　今回もたくさんの学びをいただくことができた。心の底から深く、感謝申し上げる。本当にありがとうございます。

　　平成31年2月11日　自宅の書斎にて

　　　　　　　　　　　　　　　　　　　　　　　　　　　　山本東矢

◎著者紹介
山本東矢（やまもと　はるや）

1978年　兵庫県生まれ
2002年　3月　四天王寺大学卒業
2003年　4月　大阪市小学校勤務
　　　　現在　大阪市立新東三国小学校勤務
TOSS大阪みなみ代表
全国の教育セミナーで学級づくり
授業づくりを中心とした講座を務める

〈著〉「次世代教師シリーズ　道徳を核にする学級経営－担任の趣旨説明222文言集
　　　―子どもの自立活動が育つヒミツ―」（学芸みらい社）
　　「学級経営の急所これだけはしてはいけない」（明治図書出版）
　　「男女の仲がよくなるゲーム30選」（明治図書出版）など多数

最高のクラスになる！
学級経営365日のタイムスケジュール表

2019年4月15日　初版発行
2019年6月20日　第2版発行

著　者　山本東矢
発行者　小島直人
発行所　株式会社 学芸みらい社
　　　　〒162-0833 東京都新宿区箪笥町31 箪笥町SKビル
　　　　電話番号 03-5227-1266
　　　　http://www.gakugeimirai.jp/
　　　　E-mail：info@gakugeimirai.jp
印刷所・製本所　藤原印刷株式会社
企　画　樋口雅子
校　正　菅　洋子
本文イラスト　げん　ゆうてん
ブックデザイン　小沼孝至

落丁・乱丁本は弊社宛お送りください。送料弊社負担でお取り替えいたします。
ⓒ Haruya　Yamamoto　2019 Printed in Japan
ISBN978-4-909783-03-5 C3037